バラバラになった心をつなげる方法

レジリエンス脳育

心をつなげる講演家
新崎江里
SHINZAKI Eri

文芸社

はじめに

「心がバラバラな状態」と聞いて、あなたはどんなことを想像しますか？
どんな時に、心がバラバラになると思いますか？

不安な時
過去の出来事に後悔している時
思い通りにいかず苛立ちがおさまらない時
自分を理解してもらえていないと感じた時
自分や家族が病気になった時
自分には価値がないと思った時
悲しい出来事が起こった時
大切な人やペットが亡くなった時

不安になったり深く悩んだりしている時に、自分が自分の心と一致していないような感覚に陥ったことはありませんか？

そんな時、あなたと、あなたの心はバラバラになってしまっています。

あなたは、どんな辛さやしんどさを抱えていたのでしょうか？


心は目には見えません。

手でつかむこともできません。

ですが、心はすべての人が持っているものです。

その存在をあなたも感じたことがあるはずです。

人が生きていくうえで、とても大切なものです。


心がバラバラになるきっかけは人によってさまざまです。一つの出来事で起こることではなく、無意識のうちに、自分でも気づかないうちにバラバラになっていくのです。

心がバラバラになると、時間が止まります。「心の時」が止まります。

そんな時は、これから私のお伝えする「レジリエンス脳育」を少しずつでもいいので試してみてください。バラバラだった心が、あなたのもとに戻ってくるはずです。

この本が、あなたらしい人生の一歩を踏み出す一助になれば幸いです。

目次

第2章　自分を知る　39

第3章　言葉のワーク　89

第7章　自分軸で選択しよう　149

第8章　実際の体験から　171

第9章　我慢しない生き方をしよう　181

おわりに　204

本文イラスト　見灯

第1章　レジリエンスを知る

レジリエンスとは

あなたと、あなたの〝心をつなげる講演家〟新崎江里です。

まずは私について、簡単にご紹介します。

現在、兵庫県淡路島在住で年齢は53歳。夫と息子、愛犬の4人家族です。社会福祉士の資格を取得後、約10年間、医療ソーシャルワーカーとして病院で患者様やその家族と、また、スクールソーシャルワーカーとして、小・中学校の生徒や保護者との相談業務に従事してきました。

そんな私ですが、2011年に子宮がんを発症、術後5年にわたり後遺症に苦しみました。

（なんで私がこんな目に遭わなきゃいけないの。人生何をやっても上手くいかない。身体も一向に良くならないし……）

負の感情でいっぱいになり、生きているのが辛くて心がバラバラになっていたのです。

当時お世話になっていた歯科医師の勧めで「イメージトレーニング」に出会いました。

自分の言葉や思考・感情が身体や心に大きく影響していることを知り、衝撃を受けました。**自分に起こることを、周りの環境や人のせいにばかりすることで、悩み苦しむ現実を生み出していたのは私自身だったのです。**

身体と心と脳のつながりに興味を持った私は、心理学や脳科学などを学び、実践するようになりました。そのうちに、いつのまにか私自身の心の回復力が高まり、気づけば身体も楽になり、人間関係においてのストレスも軽減していたのです。**バラバラになった私と私の心が、少しずつ一致していく感覚を得られました。**

「レジリエンス」とは心理学用語で、予想外のストレスやショックなことに直面しても心を元の状態に戻すことができる力、すなわち心の回復力を表しています。

近年、困難や喪失体験への前向きな社会適応を説明する概念としても「レジリエンス」が注目されています（日本公衆衛生看護学会誌）。

私自身、心の回復力、つまりレジリエンス力が高まることで人生が好転しました。レジリエンスの力を実体験したのです。

それがきっかけで、2017年にはイメージトレーナーの資格を取得し、**かつての私と**

同じような悩みや苦しみを持っている方々に心の回復力を高める方法を伝えたいとの思いで、勤めていた病院を退職し、講演活動をスタートしました。

２０２０年に、自身の経験、心理学、脳科学、量子力学、呼吸法をかけ合わせた、独自のメソッド「レジリエンス脳育」を構築。一人でも多くの方に楽に生きる方法を知ってほしい、その人らしい人生を歩んでほしいとの思いで活動を続けています。

現在は「心の回復力を高める」をテーマに、講演や講座を通して幅広い層の方にお伝えしています。

何かとストレスの多い現代社会において「不安を安心に変える方法や捉え方」のニーズは高く、受講者からは「もっと早く知りたかった」「不安になるメカニズムや解消方法がわかりやすかった」「生きやすくなりました」など、嬉しいお声も多数いただいています。自宅にはプライベートサロンを設けて、対面での個別脳育セッションも行い、お一人おひとりに合った脳を育てる方法をお伝えしています。

「人生は脳育て」といっても過言ではありません。**脳は何歳からでもトレーニング次第で成長します。あなたの脳の可能性を信じることが大切です。**

「レジリエンス脳育」とは

「レジリエンス脳育」という言葉を聞いたことがありますか？

知っている、聞いたことがあるとのことでしたらとても嬉しいです。

なぜならば、それは私が造った造語だからです。前述したようにメソッドを完成させ、同年に商標登録をしました。

レジリエンス脳育には「レジリエンス、すなわち**心の回復力を高めるために脳を上手に育てましょう**」という意味があります。**脳科学をベースに、言葉、動作、呼吸、イメージの４つを使い、自分軸、適応力、柔軟性を鍛え、心の回復力を高めるためのメソッド**です。

「レジリエンス脳育」の４つのメソッドについて、もう少し詳しく説明してみたいと思います。


まず、**１つ目は言葉**です。

言葉は言霊《ことだま》といわれているように、現実を変えるほどの素晴らしいチカラがあります。

そのチカラを知っていただき、日常で無意識に使っている言葉に気づくことがスタートです。
不安や生きづらさの原因を作っている自分の言葉の癖に気づき、そして、その言葉を安心や生きやすさにつなげる言葉に意識して変えていく方法をお伝えします。

2つ目は動作です。
日常的な身体の動きや視線、表情を使って脳を上手にだましトレーニングしていく方法です。脳は、本当と嘘の区別がつきません。例えば、**楽しい気持ちにならなくても口角を上げるだけで脳は楽しいのだと認識する**のです。その脳が「楽しい」を認識したことにより、セロトニンというホルモンが分泌され、脳では本当に楽しかった時と同じ現象が起こるのです。そのように、**動作を意識することで自然と前向きになれる身体や表情の使い方をお伝えします。**

3つ目は呼吸です。
自律神経という言葉を聞いたことはありますか？　自律神経は末梢神経の一つで、人の意志で自由に動かすことができない特徴があるといわれています。ただ、この自律神経をコントロールできる唯一の方法が呼吸だという意見もあります。

息という漢字は「自分の心」と書きます。例えば、焦ったり、怒ったりすると自律神経が乱れて呼吸と心拍数が速くなり、身体が不調になります。過呼吸などがその一つです。**上手に呼吸を整えることは、身体と心を整える大切なポイント**だと私は思っています。**呼吸を使って心と身体を緩め整える方法をお伝えします。**

4つ目はイメージです。

柔軟な考え方をして、可能性を広げる方法です。「目の前の現実は、あなたがイメージした通りのことが起こっている」と聞いてどう感じましたか？

（こんなこと望んでないのになぜ……）

と思ったことはないですか？　過去の私もそうでした。無意識で望んでいないことをイメージし、悩んでいたのです。「思考は現実化する」という言葉があるように、自分が想像したことが創造される。すなわち現実化しているのです。**あなたの望むイメージに意識的に変えていくことで、未来を変えていくことができます。**

これら4つのメソッドを中心に構築した「レジリエンス脳育」を、これからの未来に活かしていただきたいのです。

心がバラバラな状態とは

・本当は、頼まれ事を断りたいのに、引き受けてしまう
・本当は、姑と仲良くしたいのに、嫌いと思ってしまう
・本当は、子供は可愛いのに、イライラして怒ってしまう
・本当は、彼のことが好きなのに、自分の思いを理解してもらえず腹が立つ
・本当は、上司と良い関係を築きたいのに、顔を合わすことすらも嫌だと思ってしまう
・本当は、親に理解してほしいのに、怖くて思いを伝えることができない

本当は楽な関係や環境を望んでいるのに、心では反対のことを感じ、結果、望みとは反

対の言動や行動をとってしまう。

そのような状態を「心がバラバラな状態」と私は呼んでいます。

このように、本当は反対のことを望んでいるのに、無意識に望んでいない言葉を口にしたり、行動をしていることはありませんか？

私は過去に、思ってもいないことを口にして後悔したり、ストレスをためたりすることが多々ありました。つまり「心がバラバラな状態」だったのです。

例えば、恋愛でAさんのことが好きなのにAさんが別の恋人と歩いている姿を見ると腹立たしく感じたり、ねたんだり、どうせ私なんてと自分を卑下したり。自分の気持ちと感情がどんどんバラバラになって離れていく、そのような体験はありませんか？

子育てにおいても、子供は可愛いのに親の思う通りに行動してくれないと腹立たしく感じたり、「もう知らない」などと突き放すような態度をとったりしてしまう。

その原因は、**自分を理解してくれない、わかってくれないと思ってしまった時に、脳が反応するからなのです。**

そんな時は、その反応を他人に求めるのではなく、自分で認めてあげるようにしましょ

う。

脳には扁桃体という感情を司る部分があります。その扁桃体のご機嫌が悪くなるようなことをすると心がバラバラになりやすいのです。逆に、扁桃体のご機嫌がよくなることをすれば心はバラバラになりにくいのです。後にその方法もお伝えします。

そして、他人の心と自分の心は別物であるということを知ってもらいたいのです。

私ががんを告知された時に、母は「私が何か悪いことをしてきたから娘がこんなことになったのかな？　何かバチがあたったのかな？」と自分を責め、苦しんでいたそうです。

このことを知ったのは告知されてから10年後でした。

自分のことで精一杯の私は、母が私のことでそんなに悩んでいたなんて想像もしなかったのです。

もちろん、私ががんになったことと、母の人生は全く別物です。

このように、**目の前で起きた他人の現実を自分の問題に置き換えて心がバラバラになり、自分でしんどくさせていることはありませんか？**

他人とあなた自身の感情は全く別物ということをまずは知り、理解していきましょう。

ここで、私がレジリエンスを学ぶ以前、２人のお子さんを持つお母さんから相談を受けた時のお話をご紹介します。

・変化する家族の時間に悩むお母さん

ご主人（お父さん）は公務員、ご本人（お母さん）は専業主婦で時間にもゆとりがあり、休みの日には娘さんと３人で色々な所へ遊びに出かけていたそうです。お父さんはカメラが趣味で、現像まで自身で行うほどの凝りよう。３歳までの娘さんの写真はたくさんあると伺いました。そんな穏やかな家族の時間が、お母さんの実家の事業を継ぐことになって一変したそうです。引っ越し、お父さんの転職、専業主婦だったお母さんも事業に参画することになりてんやわんやの状況……。そんな中で息子さんが生まれました。

家族は忙しさを増し、休日に出かける余裕もなく、お父さんは趣味だったカメラからも離れ、それ以降の家族の写真は少なくなってしまったとのことでした。

・更に圧迫される家族の時間

息子さんが生まれてからも多忙な日々は続きました。娘さんも保育園から帰ってくると、毎日息子さんの面倒を見てくれていました。そして息子さんが3歳になり、ようやく保育園に入園できる時がきたのです。多忙な両親にとっては、保育園が救いの手でした。そして待ちに待った入園式。しかし、その日から家族にとっては更に辛い日々と葛藤が始まったのです。

息子さんは保育園に入園してたった3日で通園を断られてしまいました。集団生活になじめず、一人遊びをするので目が離せなく手がかかるというのが理由でした。通園の継続を希望するならば、親が一日中付き添う必要があるとのこと。これを機に、息子さんが自閉症であることがわかりました。いわゆる発達障害です。

数十年前の社会では発達障害への理解も今とは異なります。ご両親は自営業のため、保育園に一日中付き添うことは難しく、通園を断念し仕事をしながら自宅で育児をすることになったのです。

・自分の心を置き去りにして、心がバラバラな状態

当時の保育園側の事情も仕方のないことだとは思います。

しかし、思うようにいかない現実に、ご両親は困惑し、頭を抱えました。自営業と育児の両立は本当に大変だったと思います。目を離せない状態の息子さんを時にはやむをえずテレビ台の足に紐でくくり、いわゆる犬のリード状態にしていたこともあったそうです。

家族の時間が理想のものとはかけ離れていく現実に、お母さんの心は疲れ果てていました。

そして何よりもご両親を苦しめていたのは「子供が保育園を断られた。見放された。社会に受け入れてもらえなかった。自分たちでなんとかしなければ」という思い、つまりビリーフです。**ビリーフとは、過去の経験や体験によって自分の心の中で誓う信念のようなものです。簡単にいうと「思い込み」です。**

一生懸命に自営業と育児とに向き合っていたお母さんでしたが、その責任感から自分を責める思い込みにつながり、心がバラバラになってしまったのだと思います。**家族のために、子供のために、そして周囲に迷惑をかけないようにと頑張るあまり、自分の心を置き去りにしてしまっていた**のでした。

もし、あなたの子供が保育園を3日で退園することになったら
もし、あなたの兄弟が保育園を3日で退園することになったら
もし、あなたの友達の子供が保育園を3日で退園することになったら
もし、あなたの大切な人の子供が保育園を3日で退園することになったら

想像してみてください
あなたの心を、あなたの両親の心を、あなたの友達の心を、あなたの大切な人の心を
そして、あなたならどのように受け止めることができますか?

・バラバラになった自分の心に気づき、方法を知る

息子さんはその後、保育園には通園できず5歳になりました。

次は幼稚園です。自閉症と診断された息子さんは、幼稚園に通いながら、心療内科にも通院するようになりました。ただ、幼稚園でも他の子供とのコミュニケーションなどが上手くできないことが多く、お母さんは幼稚園の先生から園での様子を話されるたびに、傷

つき、悲しくてどうしたらいいのかわからず困惑していたと言っていました。誰かに相談したくてもお父さん以外に相談することもできず、更に自分たちでなんとかしなければと孤立していったとのことでした。

幼稚園の先生も、傷つけよう、悲しませようと思って言っているのではないのだということをお母さんも理解しているのですが、それでも心は疲弊するばかりだったようです。

自分を責める感情、子供のことを言われると自分事のように身が引き裂かれる思い、そんな感情が無意識のうちにビリーフ（思い込み）となり、お母さんを苦しめたのではと思うのです。そして、それは先生側も同じです。**「この年齢ではここまでできるのが普通」など、先生側で共有されている固定概念が「できない子」という人格を作り出していたところもあるのではと思うのです。**

決して発達障害の息子さんが悪いわけでも、先生が悪いわけでも、そしてお母さんが悪いわけでもないのです。

自分を認め、相手を認める視点（思考）。そして、心の回復力を高める方法を、お母さんやその家族、周囲の人が知っていたのならば、お母さんの悩みや苦しみも軽減していた

のではと思うのです。**何よりも発達に障害のある息子さんがもっと楽に生きられたのではないかと思うのです。**

発達障害への理解が進んでいる今でも、このお母さんのように、誰にも相談できず悩み、苦しみ、心がバラバラになり生きづらさを感じている方がいらっしゃるのではと思います。まずは、自分の心の状態に気づくこと。そして、心の回復力を高める方法を知り、取り入れていくことで生きづらさの軽減につながることを知ってほしいのです。

心と身体はつながっている

突然がんと診断されたら、あなたはどう感じますか？　あなたの心の状態はどうでしょうか？

予期せぬショックなことの一つに、がん告知があります。私は市民検診でがんが見つかり、あれよあれよという間に手術に至りました。

そしてがん告知後、さまざまな場面で心がバラバラになったのです。痛み、苦しみ。不安になり、先が見えず、生きる希望もなくなり、自分が自分でなくなった状態になったことが何度も何度もありました。

心がバラバラになった原因の一つが「原因を探してしまう」ことでした。がんになった人ならば、いや病気になった人ならば一度は経験したことがあるのではないでしょうか。その時、私たちは（不摂生したからかな？　仕事で無理していたからかな？　身体を冷やしたからかな？）など、過去に向いて後悔の言葉かけをしているのです。

もちろん未来へのための反省は必要ですが、**過去に起こったことばかりに目を向け後悔していても過去は何も変わらない**のです。反省と後悔は全く心の状態が異なります。たとえ神様でも過去を変えることはできません。**しかし、今の捉え方を変え、未来が変われば、過去の捉え方が変わります。**

以前、小林正観さんの『ありがとうの神様』という書籍を読んだ時、目次に「病気が治った人の共通点は『病気になってよかった』と感謝した人」という言葉を目にして衝撃を受けました。しかし、今ならその意味が理解できます。これはがん治療に笑いの効用を取り入れている医師のお話で、自然治癒した人たちに人格上の共通項があるという内容でした。ほとんどの人が告知されたことでショックを受け、一度は心がバラバラになります。

しかし、まさに「逆境を力に変える」で、**捉え方を変えて前向きに生きることを選択することで、良い結果を引き寄せることができたのです。そして、その人たちに共通しているのは、捉え方を変える言葉を使っているということでした。**

例：がんになったせいで→がんになったおかげで

自らが発する言葉や捉え方を変え、がんになったことを受け入れ、目の前にあること、できることに意識を向け感謝する。「心の回復力を高めるための、脳を育てるトレーニングを意識して実践した人たち」なのです。まさに心と身体はつながっているのです。

心の回復力を高める

「レジリエンス」が心の回復力を指すことは、なんとなくおわかりいただけたかと思います。

最近ではがん患者やその遺族の心のケアを目的とした「レジリエンス外来」という外来を設けている病院もあります。また、コロナ禍の２０２０年に野口聡一さんが搭乗した宇宙船の名は「レジリエンス」でした。世界の人々が困難な状況から立ち直るための力になりたいとの思いを込めた名前だそうです。「レジリエンス」が社会にだんだんと広がってきているのを感じます。

アメリカ心理学会（APA）では、次のような「『レジリエンス』を育む10の方法」を提唱しています。

①良い人間関係を維持する
②問題を克服できないものだと捉えない
③変化を受容する
④目標を持つ
⑤周りに流されず決断し行動する
⑥自己探求の機会を持つ
⑦自信を深める
⑧物事を柔軟に捉える
⑨常に希望をもった見方をする

⑩自分を大切にする

心と身体はつながっています。心の回復力を高めることで、心と身体を健康にすることこそが、人生をより良く好転させるきっかけとなるのです。

それでは、これら「レジリエンスを育む10の方法」を実践するためには、具体的にどのようなステップを踏んでいけばいいのでしょうか。

レジリエンス力を高めるには、事前準備が必要になりますので、次から説明していきます。

心の現在地に気づく

（毎日が楽しい／楽しくない、人間関係がしんどい／しんどくない）

あなたはどちらでしょうか？

日常での生きづらさを感じていない人は、今のままの生き方でもちろんいいのです。

しかし、日常で生きづらさを感じているのならば、これまでと同じ生き方を繰り返していても生きづらさは解消しません。

それでは、どうすればいいのか。

あなたが無意識に行っている言動や行動。すなわち自らが発している言葉や口癖、思考癖などに気づくこと。それが、心の現在地を認識することでありスタートライン（現在地）です。

私の行っている個別脳育セッションでは、クライエント（相談者）さんがスタートライン（現在地）に立つまでのサポートとして、必要に応じて、過去に消化されていない思いや感情、エピソードなどの「吐き出し」を行っています。誰かに聞いてもらうことも方法の一つとしてはいいのですが、仲間と愚痴を言い合うのはできる限りやめておかれるといいでしょう。誰かを否定したり非難したり愚痴を言い合ったりしても、お互いの成長にはつながりません。一人だけで負のループから抜け出すための「吐き出し」をされるならば、後にご紹介する「感情の吐き出しワーク」がおすすめです。セルフケアの方法を学び、ご自身で取り入れていくことが、最終的には何よりも自信につながります。

人生のクオリティ（質）を上げる

あなたは「人生のクオリティを上げる」と聞いてどう感じますか？

心理学や心についての書籍では、自己肯定感が上がる、自己価値を上げるということを書かれているものが多いと思います。私も過去に、自己肯定感を上げる、自己価値を上げるためにさまざまな書籍を読み、セミナーを受講し方法を学び、自ら実践してきました。

もっと簡単にわかりやすく理解できる方法はないのかと模索していた時に、**「すべての出来事は自分の人生の質《クオリティ》を上げるために起こっていることだと捉えることができれば、ネガティブなことなど何一つない」**という一つの答えを見つけました。それができれば、悩みも悩みでなくなるわけです。

まさにピンチをチャンスに変えるというのはこのことです。すなわち、**捉え方を変え、チャンスに変える言葉を使う**のです。

私もがんになったことを100パーセント良かったとは思えません。でも、がんになったからこそ今の私がある。結果、がんになったおかげで……に変わるのです。

そのような捉え方を変えること、脳を上手に扱うことでずいぶん心が楽になりました。

目の前に起こる出来事はすべて、人生の質を上げるためのことと捉えてみてください。すべてに意味があり、あなたの成長のために「気づきや学び」を与えてくれるものだとしたらどうでしょうか？

明石家さんまさんの「生きてるだけで丸儲け」というフレーズがありますが、**生きているだけで私たちの人生の質は１分、１秒上がっている**のです。

感情の吐き出しワーク

ここで、自分の現在地を知るための簡単なワークを紹介します。

イライラしたり、腹が立ったりした時に相手に感情をぶつけると人間関係を良好に保つことはできません。伝えたい気持ちは伝えることは大切ですが、感情をぶつけることと、気持ちを伝えることとは全く別のことです。

あなたの現在地を知るために、そして、感情を心にためずに吐き出すための有効な方法が感情を書き出すワークです。つまり、心の便秘解消法です。

過去に言えなかったあなたの気持ちや感情を吐き出して、あなた自身がその感情を理解して、デトックスしてくださいね。

簡単ですが、効果絶大なセルフケアの一つです。

あなたの心の中にたまっている、誰にも言えなかった負の感情を言葉にして書き出してみましょう。

【手順】

① 紙とペンを用意する
② モヤモヤしたりイライラしたりする原因の人や事象を書き出す
③ 書き出したことに対する、自分の正直な感情を10分以内で思い切り書き出す
④ 書き出した感情を一つ一つ読み返したら大きく×印を付けて、紙を破り捨てる

書き出した紙は取っておくものではないので、乱筆で大丈夫です。丁寧に書く必要はありません。あなたの感情や捉え方が変化するまで、①〜④のワークを、時間や日を空けて繰り返してみてください。ふとした瞬間に、イライラやモヤモヤが消えていたり、その原因の人や事象を忘れていたりするのに気づくと思います。ワークを繰り返すうちに、新しいあなたと出会える時がくるでしょう。

第2章　自分を知る

あなたは自分がどんなことに興味があり、どんなことを嬉しいと感じ、どんなことに怒りを感じ、どんなことを悲しいと感じるかなど、自分の感情などに目を向けたことはありますか？

第1章で「心の現在地」のお話をしましたが、こちらの章では、その現在地を知るために自分の心に目を向け、気づく、自分を知ることの大切さをお伝えします。

・自分の心の状態を知る

私が自分の心と向き合うことを知ったきっかけは、医療ソーシャルワーカーとして病院で勤めていた時に、「いのちとこころを支える相談職員養成研修」を受けたことです。それまでの私は、自分に向き合うということを知らずに生きていました。研修を受けて、**自分の幼少期からの生育の中での出来事が、大人になっても思い込みやトラウマとして影響しているこ**とを初めて知ったのです。

20代の時に「インナーチャイルド」という言葉を聞いたことはありましたが、現状の自分の心に、幼少期のトラウマがこんなにも影響しているのだということをこの研修で初めて知りました。

なぜ、ソーシャルワーカーにこのような研修が必要だったのか？　それはクライエントの感情に飲み込まれないようにするため、平常心を保つために、自分の沸点を知るのが目的でした。つまり、自分の現在地を知るための研修だったのです。

実際に、自分がどういうことに怒りを感じるか、不安に感じるか、悲しくなるかなどのネガティブ感情のスイッチが入る〝点〟を知る。そしてどういうことを心地よいと感じるかなど、自分の心の動きに目を向け気づくことこそが、心の回復力を高め、平常心を保つためには大切だということを学びました。

感情は、脳が正常に働いている限り、一生感じるものです。そして、生きていくうえで必要なものでもあります。もちろん、**ネガティブな感情も私たちの身を守るためには必要なものなのです。ただ、この感情が長時間続いたり、右往左往したりする時間が長くなると人は生きづらさを感じます。**

ですが、ネガティブな感情が湧いてきても、心の回復力を高めることで平常心に戻すことができれば、生きづらさやしんどさも軽減されるのです。そして、これらの感情――**〝生きづらさ〟は、自分が作り出しているものだということをまずは知ってほしい**のです。

では、その感情を作り出しているものは何かというと、**「思い込み」**なのです。

人生は思い込みによってつくられる

・そもそも思い込みって何？

あなたは思い込みと聞いて何をイメージしますか？

私は過去に心理学者である鈴木敏昭さんの『人生の99％は思い込み』という著書のタイトルを目にした時に衝撃を受け、「まさに」と思いました。

思い込みは心のフィルターみたいなもので、自分の身を守るためにも大切なものです。

私たちの脳を何か身近な物に例えるとするならば、パソコンです。イメージしてみてください。新しく買ったばかりのパソコンには何のデータも入ってないですよね。そのパソコンで何か文章を作成してみるとします。文章を入力し、保存します。そして、内容を変更したい時には、作成しなおして上書き保存をします。この機能こそが、私たちの頭の中で作動している思い込みの仕組みなのです。何かを体験したり、知り得た情報を無意識で入力。入力されたデータこそが思い込みなのです。そしてその**思い込みは、新たなデータを入力すると上書き保存も可能なのです。**

例えば、あなたはガスコンロに火がついている所に手を置いたりしますか？

そんなことしませんよね。ガスコンロの火は熱い。触ると火傷《やけど》するということを、過去の体験や経験、得た情報によって知っているのでそのようなことはしないのです。

しかし、その思い込みがなかったらどうでしょうか？　もしかしたら、手をかざしてみたりすることもあるかもしれません。

私は2歳の時に、ガスコンロの火に手をかざし、火傷をした経験があります。記憶としては薄いのですが、大人になってから母からその時の様子を聞きました。

当時、泣き叫ぶ私を母が懸命に処置してくれたおかげで、大事には至らずにすみました。その時に、母は「火は熱いから触ったらダメよ」と強く私に教えてくれたのでしょう。

この母からの「火は熱いから触ったら火傷する」という情報が、私の脳にインプットされ、「火は熱いもの。触ると火傷する。危険」という私の思い込み（心のフィルター）になったのです。今、大人のあなたには当たり前のことのように思うかもしれませんが、これこそが、私というパソコンに入力されたデータであり、思い込みなのです。

思い込みは誰もが頭の中で作り出して持っているもので、自分の身を守り生きていく上で大切な機能なのです。

100人いれば100通りの思い込みがある。あなたと全く同じ思い込みをもつ人など誰もいないと言っても過言ではないのです。人は新しい思い込みを創りながら成長し、いらなくなった思い込みを手放しながら更に成長し生きていく、人生とはその繰り返しの旅であると私は思います。**まずは自分の思い込みに気づき、その思い込みといかに上手に付き合うかが人生を楽に生きる大切なポイントになる**でしょう。

・思い込みで決めつけていることってないですか?

クライエントさんからこのようなお話がありました。

彼女はネイルアートが大好きで、ストーンなどを爪に乗せたモリモリのデコレーションネイルをしていました。

ある日、同じ職場の方に「そんな爪をしていたらお掃除もできないし、食事も作れないよね」と言われたそうです。ですが、彼女は母であり主婦でもあります。子育て、掃除、洗濯、食事などのすべての家事をこなしていたのです。彼女が「家事、やれてますよ」と言うと、「そんな爪をしていてできるわけないでしょ」と言われたそうです。その方の一方的な思い込みによる決めつけのような発言に嫌な思いをしたと話してくれました。

私自身も数年来ネイルをしていて、以前に同じようなことを言われた体験がありました。私は、「この人はこう思うんやなぁ」と、あえて言い返すことはしませんでしたが、決して気持ちの良い場面ではなかったのは確かです。

このように、日常において自分の思い込みで他人をジャッジしていたことに心当たりはないでしょうか。もしジャッジしそうになったら、「ネイルをしていたら家事をするには不便じゃない？」などと疑問形で質問してみてはいかがでしょうか。そうすることで、自分の思い込みで他人をジャッジする機会も減り、良好な人間関係の構築につながるのではと思います。

・思い込みの正体は？

さて、「思い込みはどんな形？」と聞かれたら、あなたはどう答えますか？

そしてその思い込みがどこにあるか知っていますか？

「心臓はどんな形？　どこにあるの？」と聞かれたら、なんとなくイメージできますよね。

あなたの人生を作りだし、大きく左右する思い込み。そんな重要な存在なのに、形もなく、ある所も不明なのです。そうです。思い込みは私たちの目には見えない、形のないものなのです。私たちの持つあるものが反応しているだけです。

では、何が反応しているかというと、**「認知」**という私たちの**脳にある機能**です。

例えば、梅干しを想像してみてください。酸っぱい梅干しです。

今、あなたの口の中に唾液がジュワッと出ていたとしたら、あなたの「認知」機能が反応したということです。

この反応を私たちは日々の生活の中で何度も繰り返しています。この「認知」こそが思い込みの正体なのです。

梅干しを想像して唾液が出たのならば、あなたの認知には「梅干しは酸っぱいもの」という思い込みが入っているということです。認知には、過去に食べた経験があったり、聞いたり見たりして知り得た情報が入っています。

脳の仕組みを簡単な図に表すとこのようになります。

この認知に何が入っているかによって、後の思考や感情、行動が変わり、結果が変わる

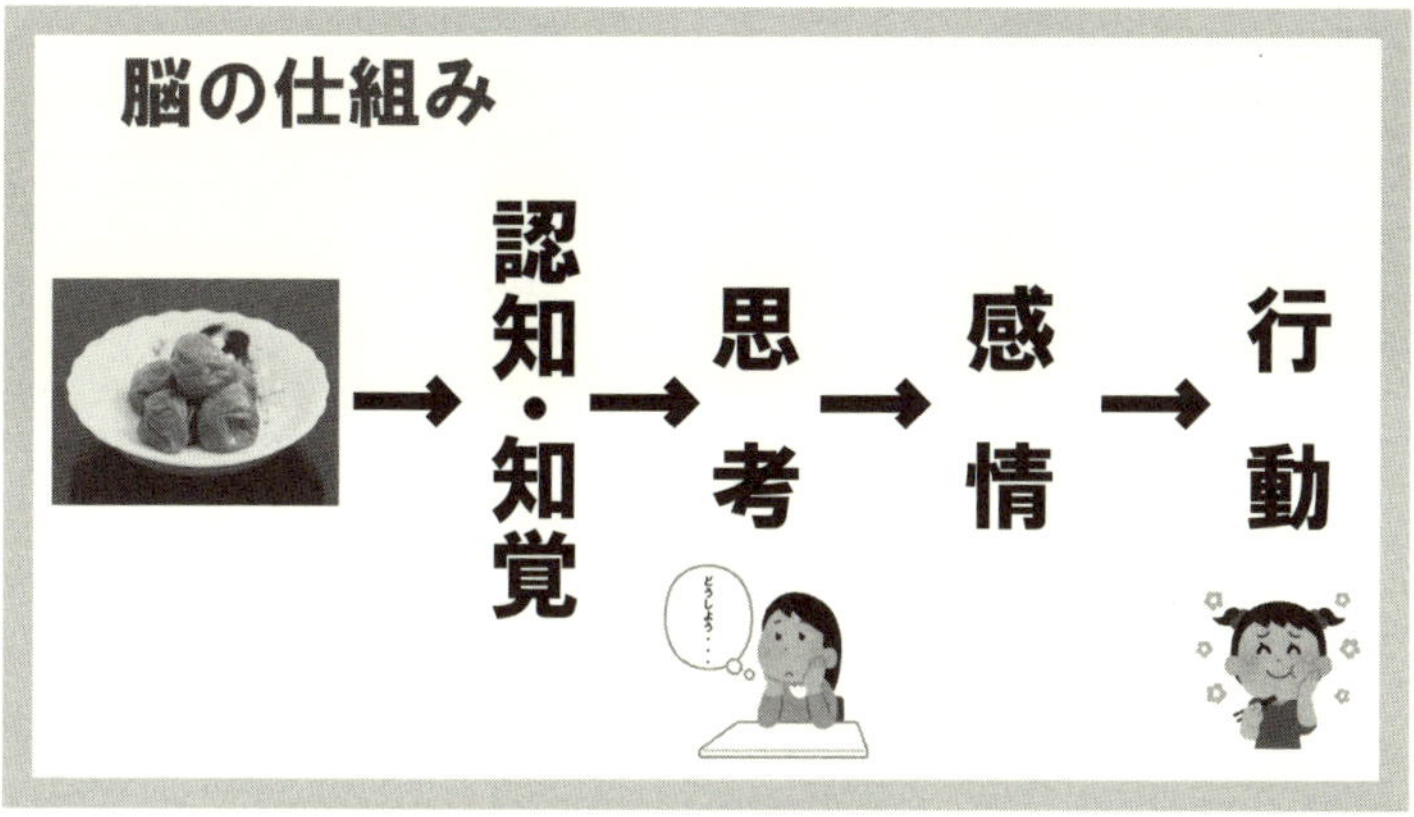

というわけです。認知は身体ともつながっていて、その身体の感覚を知覚といいます。

例えば、あなたが初めて梅干しを食べた時に、酸っぱいけど美味しかったと感じていたならば、次に梅干しが目の前に出てきて認知が反応すると「今食べようか、どうしようか？」という思考が働いて、〝食べたい〟という感情とつながり、〝食べる〟という行動を選択することで結果は〝食べた〟になります。しかし、酸っぱくて美味しくなかった、二度と食べたくないと感じたならば、食べたくないと感じる感情とつながり、行動は食べない、結果は食べなかったになるのです。

認知には更に知覚も連動し、身体も反応するようになります。実際に梅干しを食べなくても、写真を見ただけで唾液が出たりするのも知覚が反応して起こっている現象です。このように私たちは、日々の生活の中でのさまざまな選択において認知と知覚とを連動させ反応しています。すなわち脳と心と身体はつながっているということなのです。人生はこの「認知」によって決まるともいわれています。

あなたが何を認知に入れている(思い込んでいる)か。

目の前の出来事を、どのような思い込みのフィルターを通した思考で捉えるかによって、あなたの人生はあなた自身でいかようにも変えることができるということです。

そして、この思い込みが、あなたが発する言葉や口癖になり、行動や習慣につながっていくのです。

ノーベル平和賞を受賞した、マザー・テレサの代表的な言葉です。

思考に気をつけなさい、それはいつか言葉になるから。
言葉に気をつけなさい、それはいつか行動になるから。
行動に気をつけなさい、それはいつか習慣になるから。

習慣に気をつけなさい、それはいつか人格になるから。
人格に気をつけなさい、それはいつか運命になるから。

生きづらさの原因

・あなたを生きづらくさせるものはなに？

あなたは今、何か生きづらさを感じていますか？　感じているならば、その生きづらさの原因は何でしょうか？

悩みについて、お釈迦様は「心の反応」という教えをされています。思い込みは決して悪いものではありませんが、この機能は使い方によってはあなたを生きづらくさせてしまうこともあります。

特に厄介なのが、強いネガティブな思い込みによって、「不安」が生じ、あなたの生きづらさにつながってしまうことです。つまり**「不安」という感情こそがあなたの生きづらさやその先の可能性をも閉ざしてしまう要因の一つで**あるのです。

・なぜ人は不安になるのでしょうか？

あなたが不安になる時ってどんな時ですか？

これまでに不安になった時の状況を思い出してみてください。

そして、あなたが不安になっていた時、目の前にその不安な現実は起こっていましたか？

そうです！　不安になっている時には、その不安な現実はまだ起こっていないのです。不安って、まだ起きてもいないネガティブなストレス予想、想像（イメージ）すなわち自分の頭の中で作り出しているものなのです。お釈迦様の言葉を借りるならば、**「不安も心が反応しているだけ」**なのです。

私は子宮がん術後の後遺症で何度も腸閉塞を起こしていたことが過去にありました。その辛かった経験がトラウマ（思い込み）になり、まだ起こってもいないのに「お腹が痛くなったらどうしよう」「腸閉塞になったらどうしよう」と、望んでいない現実を、起こったかのように自ら頭の中でイメージし、不安になり落ち込んでいたのです。

あなたが不安になった時、頭の中でイメージしていることは、現実に望んでいることですか？　**不安は、あなたが過去に経験したことにより、望んでいない現実がまた起こるか**

もしれないと、あなた自身が頭の中で予想、想像（イメージ）しているだけのことなのです。そして、**そのイメージしていることは今、あなたの目の前にはまだ何も現実として起こっていない。**何よりもあなたが望んでいない現実をイメージしているのだということをまずは知ってほしいのです。

・思い込みから不安はなぜ生まれるの？

あなたは意識をして不安になろうと思ったことはありますか？　不安になろうなんて思ってもいないのに、なぜかいつのまにか不安になっていることはありませんか？　あなたを生きづらくさせてしまう不安。

不安は、過去のネガティブな体験や経験によってつくられた思い込みの記憶が感情とつながり、同じ体験をしたくないという思いから生まれます。

例えば、何かにチャレンジして失敗して辛かった、悲しかった、恥ずかしかったなどの経験があったとしたら、次に同じことをチャレンジする時に、また失敗するのではないか、同じような恥ずかしい思いをするのは嫌だという感情が不安を生むのです。そして、チャレンジするのを諦める――あなたもこのような経験はありませんか？

不安になることは決して悪いことではありません。むしろ、あなたの脳は正常に働いているんだと褒めてあげてください。ただ、**不安な気持ちが長引くと、体調にも影響を及ぼしたり、不安な気持ちが強くなることでチャレンジしなくなり、その先の可能性が途絶えたりしてしまう。**このことこそがあなたにとって人生の損失になるのです。

・不安になった時の頭の中や身体はどんな状態？

あなたが不安になった時、頭の中ではどんなことが起こっているのでしょうか？

不安は、前にも述べたように、過去に経験した、望んでいない現実がまた起こるかもしれないと、あなた自身が頭の中で予想、想像（イメージ）しているだけのことです。ただ、私たちの脳は本当と嘘の区別がつかないので、現実には起こっていないことでも、ありそうかどうかを考えるだけで脳は本当にストレスを受けた時のように機能が低下するということは科学的にも実証されています。

特に不安になった時には、ワーキングメモリー（一時的な記憶を司る機能）が低下し、一時的にＩＱ（知能指数）も低下。自律神経が乱れて脳が緊張し、苦痛系のホルモンが大量に分泌され免疫力も低下すると言われています。

・特に女性は不安になりやすい

女性の脳は男性の脳よりも不安になりやすいといわれています。なぜならば、セロトニンという幸せを感じるホルモンは、男性のほうが女性よりも脳内で合成する能力が52パーセント高いということが実験からわかっています。大うつ病性障害に関する複数の論文でも、うつ病の生涯有病率が男性よりも女性が約２倍高いことが示されています。うつ病はセロトニンの不足が原因によって発症するとも考えられており、セロトニンが少ないと不安感が強くなるので、女性は男性よりも不安傾向が高いとされています。しかし、この不安傾向は女性の危険予知能力が優れていることにもつながっていますので、心配する必要はありません。

・不安を安心に変えるには？

では、この不安を安心に変えるにはどのようにしたらいいのでしょうか。

そのためには、ズバリ！　言葉を変えるのです。

脳は、自分の発する言葉に無意識で自動反応するように作られています。

脳がパソコンだったとしたら、あなたの脳に入っているデータに心が反応しているわけですから、入っているデータを上書きし保存してあげればいいのです。

例えば、不安になる要因になる思い込みのデータを、安心になるように入力しなおし、保存してあげればいいわけです。

その上書き作業のために効果的なのが言葉なのです。

自分の口癖を知る

・口癖は無意識で使っている
あなたは日頃、ご自身が無意識で使っている口癖に気づいたことはありますか？

過去の私の口癖は、「面倒くさい」「どうせわかってくれない」「無理」「私ばっかり」などでした。しかしこの口癖、当時の私は全く気づかず無意識に発していたのです。

口癖は、本当はそう思っていない時にも反射で出てしまったりするものです。

そして、**口癖は思い込みからできてきます。**私の「面倒くさい」「どうせわかってくれない」は3歳の時に体験した「チューリップ事件」（後述）での思い込みでできた口癖なのです。

・口癖は思い込みから生まれる

幼少期の心に残っている体験はありませんか？

思い込みがあなたの人生を操作し、あなた自身を構築しているのだとしたら、どのように感じますか？

私は、自身の思い込みによって人生を操作し、望まない自分、望まない現実を構築していました。幼い頃、私の人生においてネガティブな思い込みの礎となる出来事がありました。今でもよく覚えていて、私はそれを「チューリップ事件」と呼んでいます。

この状況を想像して、あなたが私の立場ならどう思いますか？　考えてみてください。


私が3歳の保育園児の時、花壇で咲いているチューリップが折れているのを見つけました。決して私が折ったわけではないのですが、折れたチューリップが気になり眺めていたのです。それをたまたま見かけた先生は、私に向かって言いました。

「江里ちゃん。なんでチューリップを折ったの！　そんなことしたらだめでしょ！　謝りなさい！」

もちろん折ったのは私ではないのですから、「私はやっていない！」と言いました。それでも先生は信じてくれません。

「正直に言いなさい。嘘をついたらダメ！」

そして、先生が次に放った言葉は「お母さんを呼ぶからね」でした。

その時私は思いました。「お母さんならきっとわかってくれる。私の言葉を信じてくれる！」悔しい気持ちを抑えながら職員室で下を向いて待っていました。

しかし、呼び出された母が私にかけた言葉は、

「江里！　なんでそんなことをしたの！　悪いことをしたら、きちんと謝らないといけないでしょ？　そんなことをする子はもう知りません！」

でした。一番身近にいる、信頼していた母親にも信じてもらえず、犯人扱いされ、否定する気力を失った私は、心が折れてしまい「ごめんなさい」と謝りました。

つまり、やってもいない罪を認めたのです。

これが、私が3歳の時に経験した「チューリップ事件」です。

私はこの経験から「大人は信じてくれない」「私が言っていることは誰も聞いてくれないし、理解してくれない」「言っても無駄」と思うようになりました。そこから更に「面倒くさい」という口癖や思考癖が生まれたのです。

そして二度と傷つきたくないとの思いから、「私の言うことなんて誰も理解してくれない」のだから「言っても無駄だから言わない」ということを心に強く決めたのです。これを心理学用語ではビリーフ、信念といいます。

これが、まさにネガティブな思い込みであり、まさか40年以上もの間、この思い込みを抱えながら人生を歩むなんて思ってもみませんでした。

このようなネガティブな思い込みなどが、望んでいない現実を構築していく要因になるのです。あなたにも同じような経験はないですか？

・口癖は思考癖となり人生を構築する（口癖から波紋した悲劇）

私の口癖の中でも「面倒くさい」が起こした悲劇の一つが「子宮がん」を発症したこと

でした。

女性であるがために向き合わなければいけないこと、それは「生理」です。女性なら誰しも、「生理って面倒くさい」「なんで女性だけこんな……」と思ったことが一度はあるのではないでしょうか。

私は月経を迎えた時から「生理はなんて面倒くさいものなんだ」とずっと思い続け、最終的には「子宮が無くなれば、生理も来なくなる！　子宮なんて無くなればいいのに！」と毎月生理が来るたびに思っていたのです。

その言葉の通り、本当に子宮を失うことになるなんて、当時の私は思ってもいませんでした。生理は面倒くさかったけれど、子宮がなくなることを望んでいたわけではないのです。なのに、無意識に発していた言葉は「子宮なんて無くなればいいのに！」。まさに、「面倒くさい」の口癖が波紋を起こし、望まない現実を私自身が明確にイメージし現実化させてしまった悲劇です。あなたも望んでいない現実をイメージさせるような言葉を発していませんか？

私はがん検診には定期的に行っていて、いつも診断結果は至って正常でしたので、健康だと思っていました。

がん が見つかった年、たまたま市のがん検診の無料クーポンが届いたので「無料だし行っておこう」と軽い気持ちで検診に行った結果が、なんと「子宮がん」でした。

定期健診を受けていたのにもかかわらず、自分がイメージしていた未来のために早期発見に至らず、見つかった時にはなんと5年生存率は15パーセントと宣告されたのです。そして、治療の過程で「子宮」を失うことになりました。

そうです。過去の私が望み、イメージしていた「子宮を失い、生理が来なくなる」という未来を手に入れたわけです。が、この現実は本当に私が望んでいた現実だったのでしょうか？

あなたも望んでいない現実をイメージするような言葉や口癖を無意識で発していませんか？

そして、この無意識で発している言葉や口癖が、あなたの人生を大きく左右する、思い込んでしまう癖、すなわち思考癖をつくっていくのです。

口癖や思考癖は連鎖する

・負の連鎖を断ち切ろう

無意識での言葉や口癖はあなたの思考癖をつくります。いわゆる無意識に発する言葉によって脳にそう思い込ませているのです。そして、この口癖は思考癖となり、自分をジャッジするだけではなく、無意識で他人に対しても同じようにジャッジする基準として使っているのです。

この基準（思考癖）は特に親子は連鎖しやすいものです。

以前、子育て中のお母さん数人から、習い事に関する相談がありました。学校に行きたくなくなるまで追い詰められている子供もいました。

私も過去に、習い事により恐怖の思い込みができあがった経験がありました。私は3歳の時からピアノを習っていました。きっかけはいとこのお姉ちゃんがピアノを習っていて、親に勧められたことがきっかけでした。住んでいたのが淡路島で田舎ということもあったのか、母親は特に世間体を気にし、他人と比較することが多かったのです。

ピアノもそうでした。発表会になると進み具合によって発表会の順番が決まります。同級生で私より早く同じ教室に通っていた子がいたのですが、母はいつもその子を意識していて、発表会でその子より早い順番になると、練習量が足りないからなどときつく怒られました。母親は、私にピアノが上手になってほしいと思っていたのだと思います。でもそれが私にとっては重荷で、ピアノ教室に通うことがとても嫌になっていました。毎週土曜日の午後にピアノ教室があるのですが、金曜日になると眠れないぐらい憂鬱《ゆううつ》になっていました。課題をクリアしないと親に怒られることが嫌だったのです。褒められた記憶はほとんどなく、「もっと練習しなさい」「他の子は進んでるでしょう」「同級生なのになんであなたはできないの」など、怒られたことしか覚えていませんでした。そして、衝撃的な出来事がありました。

ピアノ教室に行くことが本当に嫌になった私は、親に隠れて教室を休み、同級生の家で遊んでいました。嘘をついて休んだ私に親が激怒し、私の手にお灸をしたのです。手のお灸のあとを見たら嘘をつくことはダメなことだということを思い出すようにと。嘘をついたらダメだということを私に教えたかったようなのですが、小学生の私には受け止めきれず、心の傷となってしまったのです。いわゆるトラウマです。それからの私は、ピアノ教室と聞いただけで恐怖を感じ、どんどん嘘をついて休むようになり、最後は発表会があることも親に伝えず、結局は親が激怒しやめることになりました。小学校の発表会の時期が来るとピアノ伴奏に選ばれることもとてもプレッシャーで嫌でした。私がスクールソーシャルワーカーで中学校に勤めていた時にピアノ伴奏の生徒を見ると、過去の嫌だった記憶がよみがえってくるほどでした。

しかし、私は決してピアノが嫌いだったわけではなく、親に怒られることが嫌だったのです。そのことに気づいたのは、大人になって、友人の音楽療法のお手伝いでピアノ伴奏を頼まれた時でした。新たにピアノも購入し、練習も楽しかったのです。しかし、伴奏をしていた時に一緒に演奏していた方に何かを言われた瞬間、怒られてもいないのに急に涙が出てきて弾けなくなりました。まさにトラウマでフラッシュバックした感じになったのです。おそらく完璧にできなかった自分はまた怒られるという恐怖が出てきたのでしょう。しばらく席を外し、落ち着くとまた弾けるようになりました。間違えても怒られる心配がなく、安心して弾ける環境であっても、そのようなフラッシュバックのような状況が起きる時もあるのです。

習い事や部活のことで悩んでいるお母さんの相談を聞いていると、同じように子供に過度な期待をして、やる気を失くすような言葉かけをしている共通点があったのです。

私自身も自分がされて嫌な思いをしていたのにもかかわらず、息子が小学校6年生の時に入部していた少年野球の時に同じことを息子にしていたのです。「キャプテンなんだからちゃんとしなさい」「なんでできないの」と強く叱責し、息子が野球をやめたいと言っても聞き入れることなく無理やりさせていたのです。

息子が高校生になってソフトボール部に入部した時に、「なんで野球じゃないの？」と聞いたら、「楽しくしたいねん。6年生の時はほんまに嫌やった。お母さんを殴ったろかと思った」と言われ、同じことをしている自分に気づきました。息子も野球が嫌いだったわけではなく、私に怒られることが嫌だったのです。

人は自分が経験した嫌なことを無意識に子供に対してもしてしまいます。

反面教師という言葉がありますが、**反面教師は意識しないとできない**のです。

親子の負の連鎖は、誰かが気づき意識して断ち切らなければ続いていってしまいます。

人は楽しいことはやりたいなと思うし、できれば続けようと思うのではないでしょうか。しかし、怒られる、認めてもらえないなどの体験をして嫌になると、続けたいと思わなくなるのです。

ここで気づいてほしいのが、私の母も私も子供が憎かったわけではないということです。母は私のピアノが上手くなるように、私は息子の野球が上手くなるように、キャプテンとして任務をまっとうできるようにと、望んでのことだったのです。

しかし、子供にかけていた言葉はどうでしょうか？　子供のやる気をなくすような言葉かけになっていたのです。結果、子供がやる気をなくしてしまうということが現実として起こっていただけなのです。

しかし私たち大人は、自分の脳に入っている思い込みはいつからでも自分で書き換えることができます。

今、私はピアノと聞いても恐怖を感じることはなくなりました。ピアノを弾くことに何の抵抗もありません。そして、息子も社会人になった今でも草野球チームで野球をしています。

思い込みは、あなたが意識することでいつでも変えることができます。負の連鎖も気づき、意識することで断ち切ることができるのです。

・言葉で感情をマネジメント

恐怖など、ネガティブな感情を思い出すことは悪いことではありません。脳が正常に働いている証拠なので安心してください。大切なのは、ネガティブに思った自分の感情に寄り添ってあげることです。

あとは「大丈夫、大丈夫、そして自分はどうしていきたいのか？」と問いかけ、やりたければ続ける、やりたくなければやめてみる。自分で自分の感情をマネジメントして心の軸を整えてあげればいいのです。

感情をマネジメントする方法や軸を整えていく方法は後にお伝えする**「セルフトークマネジメント」がおすすめ**です。

・捉え方により見え方が変わる

ジュースが半分入ったコップを見た時、あなたはどのように感じるでしょうか？「半分しか入っていない」と捉える人もいれば、「半分も入っている」と捉える人もいるでしょう。

事実は「コップに半分、ジュースが入っている」ただそれだけなのです。

しかし、ここでもし「ワインが半分入っているワイングラス」が目の前にあったらどうでしょうか。ワイングラスの口までいっぱいにワインを注ぐ人はあまりいないのではと思います。

しかし、この常識は経験しないとわからないのです。

昔、私はワインの飲み方や入れる量も知らなかった頃がありました。そして、ワインもビールのようにいっぱい注ぐものだと思っていたのです。一緒に食事をしていた友人に「ワインはそんなに注がないんだよ」と言われ、そうなんだと初めて知りました。それから私の経験が一つ増え、ワイングラスにワインを注ぐときには少量で楽しむものという思い込みが入ったのです。恥ずかしかったけれど、知らなかったのだから仕方のないことなのです。

では、その経験をした私が「ワインが半分入っているワイングラス」を見て「注がなければ」と思うでしょうか？　答えはノーです。しかし、宴会でビールが半分しかコップに入っていなかったらどう感じますか？　状況としては前述のコップと同じです。「半分しか入っていない」と捉える人は「注がなければ」「注文しなければ」と捉えるかもしれませんが、「半分も入っている」と捉える人はそのままでいることになるでしょう。

そうです、すべてあなたの捉え方によってその先の言動、行動、結果が変わるのです。ネガティブに捉える人、ポジティブに捉える人と二分するならば、今までの経験や体験によってできる思い込みによってジャッジが異なるというだけなのです。

すべての事柄は、あなたの経験によって危機感を感じた捉え方になるか、そうではない捉え方になるかをあなた自身が判断しているのです。そして、そのような言葉を使っているということです。そして**現実はいたってシンプルであり、いかようにも捉えることができ、どのようにも見える**のです。

他人を変えるのではなく、変えるべきは自分の言動と行動です

受験生が家で勉強したいのに、お母さんの声がうるさくて集中できず勉強できなかったとしましょう。あなたならこの受験生にどのようなアドバイスをしますか？

お母さんに静かにしてもらうようにしますか？　それが良い方法なのかもしれませんが、お母さんはすぐに小声になるのでしょうか？　そしてお母さんが応じなかったらどうしますか？　お母さんを家から追い出すのですか？

お母さんを説得するには、時間も労力もいります。お母さんを変えるよりも、受験生が何か他の方法を考える方がお互いによいのではないでしょうか。

例えば、図書館に行って勉強する。友人の家で勉強する。カフェで勉強するなど。

他人はその人が行動を変えようと思わない限り変わることはないのです。しかし、自分の行動は今すぐにでも変えることができます。**他人を変えることに労力を使うよりも、自分の行動を変えることで快適に過ごせるならばその方があなたにとって楽なこともあります。**

我が家で飼っている愛犬の松が認知症になり昼夜が逆転してしまいました。夜、息子がいる時は息子の部屋で落ち着いているのですが、息子が夜勤でいない時は単独でリビングで寝ていて、夜鳴き、遠吠えがはじまりました。私はいくら可愛い松でも一緒に寝るのは嫌だと拒んでいました。そしてなんとか夜鳴きしないように、遠吠えしないようにとグッズを買ったり、照明をつけたりと試行錯誤しました。しかし、夜鳴きと遠吠えは酷くなるばかり。特に夫が出張で息子も夜勤、私が一人の夜に酷くなるのです。３日続いた翌朝、私は寝不足で限界がきました。この状態が続くようなら老犬施設にお願いしようかと家族で預ける話もしていました。しかし、松も17歳。何かあったら後悔するかもと思ったのです。そして、前述の思考です。落ち着いてくれるようにするにはどうしたら良いかな？と言葉を変え、変わるのは私のようにベクトルを自分に向けてみたのです。すると、家族でしんどさを感じているのは私だけだったのです。そして、松のそばに誰かがいると落ち着いているということに気づきました。私は松と一緒の布団で寝ることが嫌だったのですが、捉え方を変えてみると、（何も私の布団で寝る必要はないやん。息子の布団で寝たらいいんや。いや、布団は何組もあるので、松と寝るように一組を専用の布団にしたらいいやん）と、色々な考えが浮かんできたのです。そして、次は行動です。その夜から、松専用の布団をつくり、息子がいない時には夫か私が松のいるリビングで寝るようにしました。そうすると、夜鳴きはなくなり、遠吠えもしなくなったのです。そして、息子、夫、私の順番で松と寝ることをやってみると、意外と私の当番は少なく、あまり負担にはなりませんでした。

自分の言葉を変えること、捉え方を変えることで、さまざまな方法を見つけることもでき悩みも解消、解決することもあるということを知っていただきたいのです。

相手を変えようとする労力よりも、現状を受け入れ自分の捉え方や言葉を変えることをぜひ行ってみてください。きっとあなたが楽になれる方法が見つかることと思います。

・ジム体験

私は以前、筋力トレーニング系のトレーニングジムに通っていました。

小さい頃から運動が苦手と思っていましたが、３時間ハイヒールを履いて講演できる身体をつくりたいと思ったことと、そして何よりも心を整えるためには身体を整える、つまり鍛えることも大切だということを知り、ジムに通い始めました。

最初は身体が硬くガチガチで、筋力トレーニング前に行うストレッチすら満足にできない状況でした。ストレッチが10種類ほどあり覚えることもままならず四苦八苦。

腹筋を鍛えたら首が痛くなって整体の先生の所へ行き、ジムへ行った翌日は整体へ行く……という日々を続けていました。

ある日、トレーナーから「腕立て伏せを20回」と言われ、やり出した時のことです。

私は心の中で（私は運動が苦手なのになんでこんな20回もさせるの、首が痛いねん）と叫んでいました。10回を超した頃に、とうとう限界がきたのです。メニューがこなせない自分に情けない気持ちもあったのですが、自分の気持ちを上手に伝えることができず感情が溢れ、トレーニング途中に号泣してしまいました。トレーナーが「大丈夫？」と聞いてくれたのですが、ただただ涙が出るばかり。なんでそんなに泣いているのか自分でもわかりませんでした。

トレーナーから今日は終わろうかと言われ、トレーニング途中で着替えて帰りました。

帰る途中にも、（なんで泣いたんやろ、何が悲しかったのか？　厳しく言われたわけでもないのに……）と悶々としながら帰りました。帰宅して、冷静になって自分に寄り添ってみました。

「運動が苦手やと思ったんやね」「首が痛いことをわかってほしいと思ったんやね」何度も自分の感情に寄り添う言葉かけをしてみました。そして、「私はどうしたいの？　ジムをやめたいの？　行きたいの？　何のためにジムに行ってるの？」と問いかけをしてみました。

そうしたらなんと、「私はヒールを履いて3時間講演に耐えられる身体づくりをしたかったんや」「別に腕立てが20回できなかったからって悲しむことないやん」「10回できたんなら、今日はそれでいいやん」という答えが出ていました。

そして、「運動が苦手と思っているのは誰？」という疑問が出てきました。「運動が苦手」という言葉は、私の防衛のための言葉だったのです。今回は、運動が苦手でも得意でも、どちらでもいいわけです。「ダイアナのボルドー色の10センチヒールを履いて3時間講演に耐えられる身体づくりをしたい」これが私の目標だったのですから。

自分で「運動は苦手」だと思い込み、そのような言葉かけをして暗示をかけていただけだったのです。

そのことに気づいた私は、自分に合うスタイルでトレーニングが継続できるようにしようと捉え方を変え、「私に合ったトレーニング方法で身体を鍛えます」「私に合うトレーニングはどんなのがあるかな?」に言葉を変えました。そうすると、脳は方法を探し始めるのです。私たちの脳には、強く認識したものの情報を収集する機能（RAS）があるためです。

私のRASが働き、次にご縁があったのが「ヨガ」でした。ヨガも同じように腕立て伏せのようなポーズもありますが、呼吸を使いながら、緊張と弛緩を交互にするので、きつくて耐えられないような場面は少なく、私には合っていました。

今年で4年目になりますが継続しています。そして、このプロセスで「10センチヒールを履いて3時間講演に耐えられる身体づくり」という目標も変わりました。

イメージトレーニングの師匠に、

「ダイアナのボルドー色の10センチヒールを履いて講演することで、聴いてくれている人が喜ぶの?」「講演は何のためにやるの?」「10センチのヒールを履かないと講演できないの?」

と質問され、私は、自分の目的が自分のこだわりになっていること、他人からよく見られたい、綺麗に見られたいなど、本来の講演の目的とズレていることに気づきました。以前師匠からは「ヒールなら楽に履けるヒールもあるやん。なんでダイアナじゃないといけないの？」と問われたことがありました。ヒールを履きたいなら、楽に履けるヒールもあるし、こだわりを緩めることでいかようにも方法はあるのだということに気づいたのです。そうしてこだわりを緩めたことで、ヒールを履いてもオッケー、履かなくてもオッケーという柔軟な思考になってきたのです。

今では10センチヒールは私の選択肢には全くありません。むしろ、しっかり地に足をつけお話に集中できるように、踵の高さの少ない履物を選ぶようにしています。

すべては私が自分で自分を苦しめる言葉を自分にかけ、思い込み、悲劇のヒロインになるためのシナリオを自分でイメージし作り出していたのです。その悲劇だったことも、言葉をかけ、捉え方を柔軟にすることにより、いかようにも変わります。すると、真の目的が見えて、自分らしく楽になるのです。

このお話を読んであなたはどう感じましたか？

・周りが理解してくれないという思い込み

あなたは、何かが起きた時に、「周りが理解してくれないから」と諦めたことはありませんか？

私は幼少期の「チューリップ事件」をきっかけに、「どうせ言っても理解してもらえない」と思う癖があり、何か問題が起きても「わかってもらえない」と思い込み、伝えることをやめてしまうことが多々ありました。

理解してもらいたいにもかかわらず、それを伝えないことで誤解されてしまうこともありました。そのたびに私は、「どうせ私のことなんて理解してもらえない」と思っていました。しかし、本当は周りは理解してくれようとしていたのに、そのことに気づいていなかったのは、私自身だったのです。むしろ理解してもらえるように伝えていなかったのも、私だったのです。子供の頃から事後報告が多く、親にも「なんで相談しないのか」とよく言われた記憶があります。面倒くさいが口癖の私は、更に人と話し合うことや、人と協力して何かを行うということがとても億劫に思っていました。

以前勤めていた職場でもこのようなことがありました。

私は、上司から他部署の仕事を依頼され、一生懸命私なりに取り組んだにもかかわらず、担当部署の職員から「相談がなかった」というクレームが上司に入りました。上司から「相談しなかったのか？」と言われ、とても悲しい気分になりました。実際には、私は担当部署の実務をする方には相談しながら取り組んでいたのです。ですが、私はこの時「また誤解されている」「一生懸命仕事をしても理解してもらえない」と感じ、自分の思いを話すことすらしなかったのです。

上司は私の性格を理解してくれていたのでしょう。そんな私を見て、「自分の思いを伝えずに心の箱に閉じ込めておくのか？」と言い、自分に何が足りなかったのか考えてみてはどうかと言いました。

その時私は、頼まれた仕事も完璧にこなしているのになんで私がこんな言い方をされないといけないのか……と腹立たしく思っていました。しかし、目の前で起こっている現実は、私の思い込みによる行動により起こった〝現実〟なのです。

理解してもらえないと思っているから、理解してもらえない行動を無意識にとっていて、結果、理解してもらえない現実となっている。当時の私は、どうやったら理解してもらえるのかなんて、考えたこともありませんでした。

完璧主義で「０か１００」思考の私は、何かを注意されると否定されているように感じ、自分を全否定されているように捉えてしまって、「もういいわ」「どうせ理解してくれない」と諦めてしまう傾向がありました。結果、「一生懸命やっても誰もわかってくれない」と勝手に思い込んでしまっていたのです。今振り返ると、とてもしんどい生き方を、自らすすんでしていたということです。

・思い込みは仮面をつくる

人は、二度と傷つきたくないという思いから、自ら作る仮面があります。

私が無意識で身に着けていた仮面は、〝ニコニコ笑っていること〟でした。

人は自分の身を守り生きていくために、このように無意識で仮面をつけていくのです。

笑顔が素敵と何度も言われたことがありますが、昔は嬉しいと感じたことはあまりありませんでした。自分の身を守るための仮面ですから、笑っていることが苦痛なこともありました。〝本当の自分〟ではないのですから。

これがまさに、「面倒くさい」を隠すための仮面でした。ニコニコ笑っていると、それ以上言われない。スルーしてもらえる。そうして自分の思いを伝えずに、その仮面をかぶり続けていたのです。仮面をかぶって生きてきた私は、時には窒息しそうなほど苦しいこともありました。「どうせ言っても理解してくれない」という思い込みが私をどんどん苦しめていったのです。その結果が、がんという病気にもつながったのではないかと私は思っています。

病気は神様が与えてくれた宝物。

私は仮面を脱ぎ、ありのままの自分で生きていっていいよと、〝キャンサーギフト（がんからの贈り物）〟をもらったのです。仮面を脱ぐことこそが、思い込みを手放し、自分を取り戻すことなのです。

私も……と感じているあなた、さぁ！　仮面を脱ぎ捨てる時です！

依存という思い込み

・グルテン（小麦）依存

あなたは〝○○依存〟という言葉を聞いたことはありますか？　例えば、アルコール依存やグルテン（小麦）依存など、新聞やメディアなどで使われていることがあるかと思いますが、やめたくてもやめられないみたいな、ネガティブなイメージの言葉かなと思います。ですが、アルコール好き、パン好き、パスタ好きと聞いたらどのようなイメージをしますか？「好き」という言葉は依存に比べてネガティブに捉えられるイメージは少ないのではないでしょうか。ようは、言葉によって脳へ送るイメージが全く異なるということです。

・依存はバランスをとっている？

私は子供の頃からパンが大好きでした。３食パンでもいいぐらいで、よく食べていました。ただのパン好きと思っていたのですが、大人になって外食をするようになり、実は、嗜好品の〝好き〟と〝依存〟は全く異なるものということに気づいたのです。

友人とランチに行くお店を選ぶ時、私が無意識に探していたのが「パスタランチの、パン食べ放題」だったのです。そして、40歳で気づいたのが、ただのパン好きを通り超えてグルテン依存になっていたということでした。

私は35歳で通信制の福祉系大学に入学し、社会福祉士の国家試験にチャレンジしました。その国家試験の模試の日のことです。模試のことに集中したいのに、朝から昼食用に買う予定のパンのことばかりが頭をよぎっていました。試験会場に行く前にパンを買い、いざ模試が始まると、試験に集中したいのに今度は買ってきたパンのことばかりが気になり、食べたくて食べたくて仕方がなくなったのです。模試なので合否には関係なかったのですが、異常な自分に気づきました。その症状が更に悪化して、今度はお菓子のプリッツが食べたくて仕方ない状態になりました。プリッツの原料も小麦すなわちグルテンです。スーパーで20箱まとめ買いし、仕事が終わったらすぐにプリッツを食べる。休みの日には、朝からプリッツを1日5箱ぐらい食べていました。いわゆる好きを通り超えて依存だと、自分で感じるようになりました。異常なまでにグルテンを欲する時の私に共通していたのは、何かに悩んでいたり、イライラしていたり、ストレスを感じていた時だったということです。食べると心が穏やかになり、気持ちが落ち着くので欲していたのだと思います。その時食べていたプリッツは期間限定販売の品物で、2か月ほどで183箱食べました。栄養が偏っていたのか、吹き出物が多くなり、お肌のみならず体調も悪くなっていきました。

当時こんな自分をなんとかしたいという思いで通っていたセラピーの先生が、「江里さんは、今は心ではなく身体を整えましょう」と温熱療法の先生を紹介してくれました。温熱療法を施術してくれた先生に、「私、プリッツがやめれないのです」と伝えると、先生からは「今は食べてていいよ。身体が整うと身体が求めている食べ物がわかるようになるから」と、目から鱗の言葉が返ってきてビックリ。

「プリッツでは死なないから大丈夫」と笑って言ってくれたのです。

「身体が求めている食べ物がわかる」ってどういうこと？　と思いつつも、プリッツを食べている自分を許してくれて、そんな私でも認めてもらえるんだと心が楽になりました。ホッとしたら涙が出てきました。

それからは、プリッツの量も徐々に減っていきました。それから1年後、期間限定のプリッツが販売されていても、気にはなりましたが欲することがなくなっていたのです。

しかし、そんな状況はつかの間でパンへの依存は続いていました。プリッツ依存が治まった直後にセブ島に旅行に行った時に、更なるパン依存症状が発症したのです。日本では毎日パンを食べていた私は、セブ島に行っても普通にパンは売っているものと思っていました。それが、行った先の食事情もあり、３日間パンが食べられなかったのです。１日はなんとか我慢できたのですが、２日目になると夢にまでパンが出てきて、いわゆる禁断症状のようにイライラし、パンのことばかり考えている自分がいたのです。「パンが食べたい。パンが食べたい。パンを売ってるお店に行きたい」と……。しかし２日目もパンを売っているお店には行くことができず、ストレスマックスになりました。３日目に、とうとう観光先の施設の売店でパンを見つけたのです。観光を楽しむよりもパンを買いたい。

食べたい。一目散にパンを買いました。食べた瞬間にイライラが治まり、気持ちが穏やかになったのです。このことで、私は自分がただのパン好きではなく、かなり酷いグルテン依存になっていることに気づき、恐怖感すら感じました。

早速、帰国後にグルテン断ちを宣言し、自分一人では断つことができないと思ったので4泊5日の断食道場に申し込みをしました。断食道場で生活している時は、パンは回復食に提供された少量のパンのみでしたので特に問題はありませんでした。しかし、依存が治ったわけではなく、道場を出た瞬間にパンが食べたくなり、家に着くまでの道中で我慢できずパンを買い食べてしまったのです。自分の中で、「我慢できない自分」を許せない気持ち、パンを食べているという罪悪感、情けない気持ちが一気にこみあげてきました。（もう私は依存から抜けられないんだわ）と思っていたのですが、心のことを学び、自分のことを許し、受け入れる言葉かけをしていくことで、パンを食べている自分を許せるようになってきたのです。そして、米粉パンに出会い、おいしい米粉パンを探したり、自分で作ったりしているうちに、パンを食べる罪悪感からも解放され、温熱療法の先生が言っていた「自分の身体が欲しているものがわかる」感覚が芽生えてきたのです。

・脳と心と身体はつながっている

パンを食べてはいけないと思い込み、パンを食べる自分が許せなかった。無理やりやめさせようとすると余計に食べたくなる。そのループに陥っていました。しかし、米粉パンを代用し、パンを食べることを許すトレーニングをしていくうちに、脳も心も身体も、グルテン依存から抜け出すことができたのです。今では、パスタもパンも食べたいと思ったら食べる。しかしほどほどに自分で調整できるようになりました。自分を許してあげると、以前のように中毒的な依存症ではなくなることに気づいたのです。あの頃の私はきっと、パンやプリッツで自分の心のバランスをとっていたのだと思います。なので、温熱療法の先生が私に言ってくれたように、時には何かに依存する時があってもいいのではないでしょうか。ただし、そこに気づくことが大切なわけです。依存している自分を責めず、許してあげる言葉をかけてあげましょう。**変えるのは自分ではありません。自分にかけている言葉、すなわちセルフトークを、自分を許す言葉に変えてみてください。**

私が米粉パンに出会ったように、自分が自分を許してあげることで、一歩先に進むための方法や情報を脳が探そうとします。**あなたの心をマネジメントするのはあなたです。もし、私のようにあなたも何かに依存しているようならば、セルフトークを上手に使って、**

あなたがあなたの心を許し認めてあげることからスタートし、呪縛のような思い込みから、自身を解放してあげましょう。

・依存は執着につながる

「自分を理解してくれない」という思い込みは、承認欲求の私だけを見てほしい、認めてほしいという執着となり、更に生きづらさを感じるようになっていきます。

そして、ないことにばかり目が向く思考になり、今あることが見えなくなってしまうループにはまってしまうのです。

私の祖母は長寿で98歳まで生き、とても私を可愛がってくれました。その可愛がってくれていた祖母とのエピソードの中にも、承認欲求が強かった幼少期の自分がありました。

祖母はアパート経営をしていました。アパート住人の子供が、毎月親のお手伝いとして家賃を祖母の家に払いに来ていました。子供が来ると祖母は、「お手伝いできてえらいね。ありがとう」と言ってお駄賃としてお小遣いをあげたり、お菓子をあげたりしていました。その様子を見ていた私は、なぜか腹立たしい感情が湧き上がり、（なんで私のおばあちゃんなのに、あんたがお小遣いもらったり、お菓子もらったりするの）と、お使いの子供に腹を立てていました。もちろん祖母にも、子供にも口にして言うことはありませんでしたが、すごく納得がいかずにモヤモヤしていた記憶があります。今振り返ると、心の中で、私だけを見てほしい、すべて私だけにしてほしいとの思いがあったのでしょう。決して、お小遣いがほしいわけでも、お菓子がほしいわけでもないのです。むしろ、不自由することなくお小遣いももらっていたし、お菓子も食べたいといわなくても買ってきてくれていました。「買いたいものがあれば言っておいでよ」といつも言ってくれていて、どちらかというと裕福な環境で育ててもらっていたのです。ただただ、祖母が私以外の誰かに何かを与えるという行為が嫌だったのです。これも、与えてくれているものをしっかり受け取れず、与えられていないという思い込みで、自分で自分の承認欲求を枯渇させていたためでした。

恋愛において、同じような体験をされたクライエントさんがいました。

彼女は恋人が自分以外の女性と話すことが嫌で、ましてや恋人が別の女性にプレゼントするなど許せない行為だと言っていました。

そんな彼女が付き合った彼氏は、彼女以外にも女性と付き合っていました。いわゆる二股をかけられた状態での恋愛であったのです。そこで、彼女からとても傷ついたとの相談を受けました。

しかし、自分に自信のない彼女が自分にかけていた言葉は、「私だけ見てほしい、私の存在を大切にしてほしい」だったのです。〝ほしい〟という言葉の語尾は、〝そうされていない、あるべき姿ではないイメージ〟を実際には脳に送るわけです。結果、見事にイメージ通りの現実が実現していたのです。彼女は以前にも、同じように付き合った彼氏に何人もの女性がいて悲しい思いをした経験があるとのことでした。

このエピソードを聞いてあなたはどう感じましたか?

彼女に同情し、その彼氏が悪いやんと思ってくれた方もいるかもしれません。しかし、そんな彼氏を選んでいたのは誰でしょう? 彼女だったのです。

祖母の話に戻ります。祖母は私にありったけの愛情を注いでくれ、私が裕福に暮らすことができるようにいつも気にかけてくれました。にもかかわらず、私は与えられていることに目を向け感謝することができていなかったのです。いわゆる「当たり前」になっていたのです。そして、与えられていないと思っている思い込みによって、他の子供へ嫉妬したり腹立たしい気持ちになったりしていたのです。

彼女の恋愛も同じです。二股をかけられていたからといって大切にしてもらえていなかったわけではないのです。与えてくれていたことには目を向けられずに、そうでない部分にばかり意識がいってしまって「私だけ見てほしい」、と悲劇のヒロインになっていましたが、むしろ彼女が本当に嫌ならば別れたらいいだけの話なのです。何も悲劇のヒロインになる必要などなかったということです。

ようは、自分に自信がない彼女が、自分にかけている言葉によってどんどん自信を失い、相手に執着し更に自分を過小評価するといった負のループに陥っていただけなのです。

彼女はそのことに気づき、自分への言葉かけ（セルフトーク）を変え、脳を育てるトレーニングを実践していきました。今は、「ご縁があれば続くし、ご縁がなければ離れる」と思えるようになったようで、そう思えるようになったのも、レジリエンス力が高まったことで他人への承認欲求、執着の負のループから抜け出すことができたからだと言っていました。

もしあなたが今、負のループにグルグルはまっているようなら、自分への言葉かけを変え、〝有ること〟に意識を向けられるような脳を育てていきましょう。

第3章　言葉のワーク

レジリエンス力を高める言葉の使い方

・言葉のチカラ

子宮がんを患った私が出会ったのが「イメージトレーニング」の世界でした。

その中で特に印象的だったものが、「花や食べ物に向かって言葉かけをする」という実験でした。お花や食べ物に向かって2パターンの言葉を毎日かけ続けるというものです。

一方の花には〝ふわふわ言葉〟、例えば「綺麗だね。ありがとう」などポジティブで褒めたり、認めたり、肯定するような言葉をかけ続け、もう一方の花には「ばかやろう、なんでできないの。早く枯れてしまえ」などのネガティブで貶すような、否定するような〝チクチク言葉〟をかけ続けるのです。

すると驚くことに、チクチク言葉をかけ続けたお花や食べ物の方が明らかに速いスピードで枯れたり、食べ物が腐ったりしたという結果が出たのです。

当時の私にとってその結果は衝撃的で、目から鱗でした。

なぜならば、そのチクチク言葉のほとんどが、日常で私が息子や家族に使っていた言葉だったからです。

そして同時に、あの時「生理が面倒くさい、子宮なんてなくなればいいのに」とずっと言い続け、思い続けていた自分を思い出したのです。

花でさえかけられた言葉の通りに枯れていくのに対して、私は一番身近にいた自分から直接自分へ「子宮なんてなくなればいいのに！」と言い続けていたのです。

思い返せば自分の願った未来が結果としてついてきているということに気づいたわけです。

何よりも自分が発している言葉を自分が一番聞いていたことを知り、愕然としました。

それなら、当然のごとく病気にもなるよねと思ったのです。

言葉と思考は心にも身体の健康にも大きく関係しています。

レジリエンス力を高めるために大切なことの一つが、自尊感情（自分を過小評価、自己否定しない）や自己効力感（自分にできるという感覚）を高めるということです。

この二つを高める方法の一つが、自分の発する言葉を意識して変えていくことです。

私もそうでしたが、自己価値を下げたり自尊感情が低い人の特徴に、自分を下げたり、否定したりする言葉を無意識に使っていることが多いということがあります。

その状態で、「自己肯定感を上げましょう」と言っても、脳は言葉に自動反応するという機能があるので、上げようにも上がるわけがないのです。

自分をネガティブだと思っている人は、無意識にネガティブな言葉を使っています。自分には自信がない、自己価値が低い、自己肯定感が低いと思っている人の特徴も同じなのです。

では、逆に自分に自信がある人の特徴はどうかというと、ネガティブな言葉を意識して使わない、もしくは上手に変換しているのです。

私の個別セッションに来ていたクライエントさんに共通していたのも、やはり自分を下げたり、否定したりする言葉を無意識に使っていることでした。

そして、他人に言っている言葉も、実は自分が聞いていて、一番影響を受けていたのは自分だったというわけです。

セッションでは、まずは無意識で使っているネガティブな言葉や口癖に気づいてもらい、その言葉を意識してやめるようにしたり、違う言葉に変換することを一緒にしていきます。そうすることで、ほぼすべてのクライエントさんの心に変化、すなわち思考に効果が表れます。

ネガティブな言葉が出ることは、悪いわけではありません。人間であればごく当たり前のことです。しかし、意識して自分の発する言葉を変えることで、レジリエンス力が高まり、その先の人生も変わります。

まずは、あなたも無意識で日常で使っている自分の言葉（セルフトーク）に意識を向けてみてください。そして必要があればセルフトークをやめてみたり、変えてみることをおすすめします。

・言葉の変換

クライエントさんに特に多い口癖が「すみません」「ごめんね」でした。謝罪する時に使用するのは良いのですが、何かをしてもらったり何かをいただいたりした時に感謝の気持を伝えたい時にも「すみません」「ごめんね」を使っていることが多くありました。

「すみません」「ごめんね」は謝罪の言葉です。感謝の気持ちを伝えたいのに、無意識で発している言葉は謝罪の言葉になってしまっているのです。

前述のように脳は本当と嘘の区別がつかないので〝謝罪している〟と認識してしまうのです。そのために、悪いことをしたわけでもないのに謝罪しているような理不尽なモヤモヤ感が心に溜まっていくのです。クライエントさんの中には、身体も常に謝罪しているように前かがみになっている方もいました。

感謝の気持ちを伝えたいのであれば「ありがとう」ですよね。

日常で感謝の気持ちを伝える時に「すみません」「ごめんね」を使っていることがあるなと思ったら、意識して「ありがとう」に変えてみてください。

「ありがとう」は波動の高い言葉です。正しく使えば、あなたの心と身体が、目の前の人の心と身体が、元気になっていきます。

・ホメオスタシス（生体恒常性維持機能）を知っていますか？

脳は、急激な変化を好みません。なぜなら、「ホメオスタシス」という機能が働くからです。例えば、暑くなると汗をかいて体温を下げ、寒くなると身体を震えさせて体温を上げるといった現象がまさにホメオスタシスです。

つまり、自分を一定に保とうとする機能のことです。これは、あなたの心と身体を守ってくれている大切な機能です。三日坊主という言葉があるように、無理をして一気にやろうとすると継続しづらくなり、やめてしまうという結果にもなりかねません。

筋トレと同じで、脳も毎日続けてできるような簡単なことからはじめることが大切なのです。

この章では、レジリエンス脳育の４つのメソッドの一つ「言葉」について、私も実践してきた、誰にでも簡単に今日から実践できるトレーニングの方法を、体験談を交えてお伝えしていきます。

心の回復力を高める言葉のトレーニング

・今日からできる言葉と思考の改善

言葉と思考は、あなたの人生のシナリオライターです。

子宮がなくなればいいのに……私の望まない現実をイメージさせた、無意識に発していたセルフトークはこれでした。見事に私の人生は私のシナリオ通りだったのです。

あなたは自己価値を下げたり、望んでいない現実をイメージさせる言葉を無意識で発していることに気づかれましたか？

もし気づかれたのなら、今日から変えれば良いだけです。

ネガティブな言葉を発している時の脳は、過去のことへの後悔もしくは未来への不安につながっていることが大半です。その特徴を知り、言葉を使って、意識して脳を今に戻すことをトレーニングしていきましょう。

何度も言うようですが、**「不安は、まだ起こっていない未来を自分で予想しているだけ」ということをよく理解しておきましょう。そして、過去に起こったことは変えられません。他人も変えることはできません。しかし、自分の捉え方と自分の未来は変えることはできます。そうすることで、過去の捉え方も変えることができます。**

その方法の一つが、言葉を意識して変えることです。

これから私も実践した、言葉のトレーニング方法をいくつかお伝えします。

・ステップ1
コントロールを失う言葉をストップしましょう
「無理、ダメだ、できない、どうしよう」
脳が否定したり、迷走したりする言葉を意識してやめてみましょう
★ポイント　言ってしまっても大丈夫！
言った後に、キャンセルすれば脳にはインプットされません。

キャンセルの言葉は、「キャンセル」「ストップ」など、あなたの思考がストップされる言葉であればなんでも大丈夫です。

・ステップ2
感情を過去から今（現在）に戻す言葉、現状を肯定する言葉に変えましょう！

「まぁええやん」「仕方ないやん」「そんなこともあるさ」「できることからやってみよ

う」「どうしたらできるかな」……など。
「それはそれとして」は、過去に向いている感情を今に戻すための究極の言葉です。

・ステップ3

新崎江里が贈る3つの魔法の言葉

「大丈夫・できる・なんとかなる」

使う言葉を変えることによって、脳の「RAS」という機能が作動します。
RASは前述したように、脳が強く認識したものの情報を収集する機能です。簡単に言えば、「できない」を「どうしたらできるかな」に変換することで、脳はできる方法を探し出そうとしてくれるということです。

脳は言葉に自動反応します。本当と嘘の区別がつきません。

できないと思っていなくても「できない」と発していると「できない」と認識するし、できると思っていなくても「できる」と発していると、できる方法を探し出そうとしてくれる。私たちにはこんなに素晴らしい機能があるのです。**この脳の機能を日常生活で上手に活用していきましょう。**

・ステップ4

否定語を肯定語に意識して変えてみましょう（心配を〝神拝《しんぱい》〟に）

最近、スーパーや駅のトイレで「きれいに使っていただいてありがとうございます」と肯定語で表示されているのを見たことはありませんか？　以前は「汚さないように」などの否定語が多かったのですが、肯定語に変換されているところが多くなりました。学校の廊下などでも「走らないように」を「ゆっくり歩きましょう」に変わっているところがあります。

否定語は心配する言葉と必ず結びついています。逆に肯定語は安心する言葉と結びついています。

私は、否定語と肯定語をわかりやすいように、心配を〝神拝〟に変えましょうとお伝えしています。

例えば、身体に良い物を食べるという行動をする時に、目的や行動は同じでも、「病気にならないように」と言いながら食べるのと、「健康になるように」と言いながら食べるのとでは、脳が認識し、イメージすることが全く異なるのです。前述したイメージトレーニングでの「想像して創造する」。まさに、健康を創造するのか、病気を創造するかは、脳が何を認識し想像するかによるということです。

初詣に行ったことはありますか？　その時に神様にお願いをする時や、家の仏壇や神棚に手を合わせ何かをお願いする時をイメージしてみてください。

子供が受験生だったら「試験に落ちませんように」と否定語でお願いするでしょうか？「試験に合格しますように」とお願いしませんか？

神様にお願いする時は、ほとんどが肯定語を使っています。

合格することをイメージしています。

そのように**否定語（心配）から肯定語（神拝）に変換することで、脳が認識することが変わっていきます。**

あなたはどうなりたいのか？　どのような状況を望んでいるのか？

日常での否定語を肯定語に変換するトレーニングに、一つずつでもいいのでチャレンジし、あなたの創り出す未来の創造が、あなたの望むものを創り出していきましょう。

否定語（心配）→肯定語（神拝）
変換表

否定語（心配）	肯定語（神拝）
失敗しないように	成功するように
遅刻しないように	間に合うようにね
忘れないように	覚えておいてね
こぼさないように	しっかり持ってね
心配しないように	安心してね
こけないように	周りを見て歩いてね
あわてないように	落ち着いてね
約束をやぶらないように	約束を守ってね
走らないように	ゆっくり歩いてね
嫌われないように	好かれるように
散らかさないように	整頓してね
間違えないように	正確にね
受験に落ちないように	受験に受かるように
ケンカしないように	仲良くしてね
触らないように	見るだけにしてね
比べないように	自分らしくね
動かないように	じっとしてね
緊張しないように	リラックスしてね
汚さないように	きれいに使ってね

セルフトークマネジメント

・大切なのは自分の感情に寄り添うこと

ネガティブになることが悪で、ポジティブになることが善とする風潮を感じることが多々あります。本当にネガティブになることは悪なのでしょうか？

脳にとって最も良い状態はニュートラル（平常心）なのです。

ネガティブになることが悪なのではなく、そのネガティブな感情に翻弄されることが、あなたの心と身体にとって不健康な状態につながりやすいということなのです。

ネガティブ感情に翻弄されないよう、意識的に言葉を使って感情をマネジメントする方法の一つが「セルフトークマネジメント」、すなわち自分の感情に寄り添う作業を行うことです。

・方法はシンプルで簡単

例えば、不安になったり、無理と思ったり、悲しくなったりなど、**ネガティブな感情が**

湧いてきたら、その感情に「○○と思ったんだね」「○○と感じたんだね」と寄り添ってあげるだけでいいのです。ただし、**何度も何度も、感情が落ち着くまで寄り添ってあげることがポイントです。**

ネガティブな感情は、あなた自身の過去の体験や経験による思い込みから湧いてくる感情が大半なので、まずはその感情を無視せずに大切に寄り添ってあげることが重要です。

この方法はシンプルだけど効果は絶大です！

・感情が落ち着いたら

その感情が落ち着いたら、自分はどうしたいのか？　どうなりたいのか？　ご自身に問いかけてあげてみてください。

チャレンジしたいのなら、無理と諦めず、大丈夫と言葉かけを変換し行動をする。

ここでのポイントは、答えを急ぐ必要はないということです。**問いかけても答えが出ない時はそのままで大丈夫です。**

（自分はどうしたいのか？）と問いかけていれば、何かが見つかる時がきっと来るでしょう。

焦らず、まずは自分の感情に寄り添い、感情をマネジメントすることから始めていきましょう。

・自分にも他人にも使える

セルフトークマネジメントはあなた自身の感情だけではなく、**他人の感情にも活用することができます。**

私は社会福祉士の資格取得のために大学に入学して以降、共感という言葉が理解できず悩みました。

病気の人と同じ気持ちになれるの？

自分の子供を失った人と同じ気持ちになれるの？

余命宣告された人と同じ気持ちになれるの？

社会福祉士として、目の前の相談者に共感することができるの？

そんなの無理やん、と思い悩んでいたのです。7年悩んだ末に、私の中でのモヤモヤがクリアになった、その答えが「寄り添う」という言葉でした。寄り添うという言葉に置き換えた時に、理解ができたのです。悲しいと思っている感情に寄り添う、不安に思っている感情に寄り添う。まさにセルフトークマネジメントの逆バージョンだったのです。

自分の感情に寄り添う癖をつけ、自分の感情を認め、癒す思考回路を育てることによって、他者にも同じ思考回路を使えるように脳はなっているのです。

私もがんにはなりましたが、がんになったすべての人の気持ちがわかるわけではありません。子供を失った経験がある人が、失った人の気持ちを理解できるかというと、失ったことのない人よりも理解はできるかもしれませんが、すべて理解できるわけではないのです。しかし、その人が悲しい、辛い、苦しいと思う感情に寄り添うことはできます。自分の思いをわかってほしいと思っている人に対して、他者がその思いをすべてわかるようになることは不可能です。ですが、わかってほしいと思う感情に寄り添うことは可能です。**寄り添う、ただただ、それだけでいいのです。**そうすることで、解決はできませんが解消はできるのです。

解決の場合、相手がいれば自分だけではどうにもできないこともあります。しかし解消は自分でもできるし、周りの人にもしてあげることができます。

セルフトークマネジメントは自分にも他人にも使えます。人間関係を良好にするために、セルフトークマネジメントを身に付け、上手に活用していきましょう。

・不安な時には

あなたが不安になった時、ご自身がどのような言葉を使っているのか意識してみたことはありますか？

こちらでは、不安感情と上手に付き合っていけるように言葉を変換するトレーニングをお伝えします。

・ステップ1

まずは、自分が**何に対して不安になっているのかを認識**していきましょう。

・ステップ2

そして、**無意識にかけている自分の言葉に気づいてみましょう。**

例　◯◯になったらどうしよう

その言葉に気づくことが大切なのです。（無意識のセルフトーク）

・ステップ3

自分に無意識にかけている**ネガティブな言葉に気づいたら、その感情に寄り添ってあげましょう。**

例　無理って思ったんやね。無理って感じたんやね。

ポイントは感情が落ち着くまで寄り添い続けてあげるということです。

・ステップ4

感情が落ち着いたら、**言葉を変換しましょう**。変換することでその先のイメージするものが変わり現実が変わります。

ポイントは、本当はどうなりたいのか、望んでいる現実の言葉かけをしていきましょう。

・ステップ5

特に女性は不安になりやすいという脳の特徴を掴んでおきましょう。

不安になっても大丈夫。

私の脳は正常に働いているんだな、私は危険予知能力が高いんだなと、意識して変換してみましょう。

この変換こそが、感情の切り替え、不安感情をストップさせる方法の一つです。

初めての子育てなど、誰しも初めてチャレンジすることなどは不安になりやすいものです。そんな不安な時に、自分が自分にかけてあげる言葉で、いかようにもその先を変えることができます。

例　わからない、無理など否定的な言葉を発する

↓

気づく

↓

キャンセル

↓

自分の感情に寄り添う

↓

望んでいる肯定的な言葉に変換

あなたのネガティブな感情も、あなたの大切な感情です。感情に寄り添う言葉かけ（セルフトークマネジメント）をしっかりしてあげることが大切です。

褒め言葉を受け取るために

あなたは褒められた経験、認められた経験は多いですか？　少ないですか？（筆者注・本書での「褒める」という表現は、自分や相手を「認める」という意味で使っています）

私は率直に「少ないです」と答えられます。少ないというより、褒められた記憶がほとんどなかったのが事実です。逆に否定された経験や怒られた経験、いわゆる認められなかった経験ほど、記憶は鮮明に残っています。

私がスクールソーシャルワーカーとして勤めていた時のことです。小学校の教室の後ろの鉛筆削りの前で立っていると、一人の児童が鉛筆を削りにきました。手動の鉛筆削りでしたが、上手に削っていたので私が「上手に削れてスゴイね」というと、一瞬私の目を見て、何も言わず自分の席に戻っていきました。その直後、今度は色鉛筆を持ってきて削り始めたのです。また私が「色鉛筆も上手に削れてスゴイね」と言うと、もう一本削り出しました。そして今度は「これ見て」と私に折れずに上手に削れた色鉛筆を見せてくれたので「マジでスゴイやん」と言うと、その子はとても嬉しそうにニコニコしました。その様子を見ていた別の児童がやってきて、「私、昨日先生に宿題を二重丸もらってん」と言うので「スゴイね」と褒めると、他の児童もやってきて「僕は三重丸」「私は花丸」と、あれよあれよと児童が集まってきて「褒めてくれ」「認めてくれ」とアピール合戦が始まりました。

私は宿題の内容が何かも知らないですし、花丸がよくて二重丸がダメとも思いません。ただただ、児童が「自分がこんなにできた」と言ってきたことに「できたんやね、スゴイやん」と肯定し伝えただけなのです。

その児童たちの姿を見て、自分の小学生だった頃を思い出しました。（自分には、こうやって褒められた記憶ってないよなぁ）と思ったのです。

この児童たちの場合は、褒められるというより、できていることを認めてあげるという、ただそれだけのことなのです。子供は自分を認めてくれる人には心を開き、話してくれます。鉛筆を削りにきた児童も、鉛筆を削るというごく普通（当たり前）の行動を褒められたことなどなかったのかもしれません。だけど、褒められると心地よいので、また削りにきてくれたのかなと感じました。そして、褒められている様子を見て、私も褒めてほしい、僕も褒めてほしい、認めてほしいと思う気持ちが、宿題の二重丸や花丸を知らせるという行動になったのではと思っています。

大人も、子供と同じなのではないでしょうか。そして、褒められたり、認められた経験の少ない子は、褒められたり認められても、その言葉を受け取ることが苦手なのです。まさに私がそうでした。（ほんまにそう思ってるのかな？）と疑ってしまったり、いえいえと否定したりするのです。本当は褒められたり、認められると嬉しいのに、嬉しいとも言えないのですね。特に日本には謙遜を美徳とする文化が根強くあることも、その原因の一つと言われています。自分を下げることは得意だけれど、自分を上げる（自分の価値や存在を認める）ことに慣れていないということです。

私の講座では、相手を褒める、認めるワークを行います。そしてしっかり「ありがとう」と受け取る練習もワークで行います。大人になればなるほど、照れ臭く感じるのか小声になったりします。ソーシャルワーカーとして勤めていた時に、年配の管理職の先生が素敵なネクタイをされていたので「先生、素敵なネクタイですね」と伝えると、その先生から返ってきた言葉は「褒めないでください」というものでした。私はビックリして「素敵なネクタイだったので……」と伝えると、「褒められなれていないので……」とおっしゃったのです。この先生とのやりとりを聞いて、あなたはどう感じますか？　男性がネクタイをつける時は、女性の洋服選びと同様に（このスーツに合うかな？）と考えて、自分に似合うように選ぶのではないでしょうか。わざわざ似合っていないネクタイをつける方なんていませんよね。それに、素敵なネクタイだと褒められて嫌な気分になるのでしょうか？　このようなケースの場合、受け取ってもらえなかった褒めた側が、（言わなかったほうが良かったのかな？　これから言うのはやめておこう）と思ってしまいますよね。

このように、褒められた経験が少ない人は、褒められても上手に受け取れないケースがあるということを知ってもらいたいのです。

受け取る側の言葉は、たった一言「ありがとう」でいいのです。

あなたも褒められたり、認められたりしたら「ありがとう」と返し、しっかり受け取っていきましょう。そうすることで、あなたの身体に高い波動のエネルギーが流れ、細胞が喜び、元気になっていきます。

第4章　動作のワーク

脳は簡単に騙される

こちらの章では、レジリエンス脳育の４つのメソッドの中の一つ「動作」についてお伝えします。

あなたは〝プラセボ効果〟、〝ノセボ効果〟という言葉を聞いたことはありますか？

心の回復力を高めるためには、脳を上手に使ってトレーニングすることが大切ですが、そのためには脳の特徴を知って上手に活用する必要があります。

プラセボ効果とは「薬を飲んだら良くなるという思い込み」を利用した効果で、ノセボ効果とは「逆に、薬を投与したわけではないのに、投与されたと思い込むことで副作用のような有害な事象が出る」という思い込みを利用した効果です。どちらが良くて、どちらが悪いわけではありません。

単に本当と嘘の区別がつかない、現実とイメージの区別がつかない脳が、認識したことを身体が実際に体験したかのように反応するということです。

脳は動作によっても簡単に騙されます。

私の講演では、参加者の皆さんに元気になって帰ってもらうために、必ず身体を使って「動作を意識してもらうこと」を取り入れています。

心がしんどい時、悩んでいる時に、あなたはどんな姿勢や動作をしているでしょうか？ うつむき加減でため息をついたり、酷くなると背中まで丸まった姿勢になっていたりすることはありませんか？

脳は、身体がしんどくなくてもそのような姿勢をとっていると（身体がしんどいのだな、身体を休めたほうが良いな）と、しんどい時に分泌されるホルモンが分泌しやすくなるのです。

逆にしんどくても、そうでない姿勢や動作をしていると脳は本当と嘘の区別がつかないわけですから、（しんどくない）と錯覚するわけです。

私はクライエントさんに、**身体がしんどく疲れている時は身体を休めましょうと、しかし心がしんどい時は逆に、意識して身体を動かしましょう**と伝えています。

では、どのような動作をすればいいのでしょう。

例えば、心臓より高い位置に手を上げると「ドーパミン」という、やる気が出たり、元気が出たりするホルモンが分泌しやすくなると言われています。声を出すことも効果があります。声を出すという動作は、嚥下機能のトレーニングにもなります。声を出すときに使う筋肉と、食べ物や唾液を飲み込む時に使う筋肉は同じなので、声を出すことで嚥下のトレーニングにもなります。そして何よりも、声を出すということはストレス解消方法の一つとしても効果的です。

個別セッションでは、背筋を伸ばしたり、姿勢を正すストレッチも組み入れています。姿勢を正したり、目線を上げたりするだけでも脳は良いほうに反応します。スマホやＰＣを使用する時間が長く、正座よりもソファーに座ることが多い現代の生活習慣では巻き肩や猫背になりやすい姿勢をとっている時間も長くなっています。身体は無意識に楽な姿勢をとりがちです。私も以前は、猫背気味で巻き肩傾向でした。しかし、姿勢を意識することで、今では猫背気味になった時の姿勢のほうがしんどく感じるようになりました。

脳も身体もトレーニングが必要です。しかし、今まで猫背気味だった方がいきなり背筋を伸ばして生活するのはしんどいと思いますし、急激に姿勢を矯正しようとすると逆に身体を痛めることになるのでやめましょう。

そこで、私が取り入れているのが〝一工夫する〟ということです。「良い姿勢にしなければ」と無理していると長続きしません。リハビリのように継続できるようにグッズなど自分にあった補助具的なものを取り入れ、無理なくできるように一工夫をするのです。

ストレッチポールや、ヨガブロックをおすすめしています。

私自身も一工夫し姿勢や動作を意識し変えることで、心の回復力がずいぶん高まりました。クライエントさんからも姿勢と動作を意識することで、同じように心の回復力が高まったとの感想を多々いただいています。脳がどう反応するかで心の状態も変わります。まずは、脳と心と身体はつながっているということ。身体の動作や姿勢が脳と心に大きく影響しているということを知ってください。そして、あなたも、日常での姿勢や動作を意識し上手に使って、脳を騙し心の回復力を高め心身の健康につなげていきましょう。

口角を上げるだけで脳が育つ

笑いが免疫力を高める効果は、現在では科学的にも実証されています。笑っている時は、目の前の出来事を肯定し、受け入れることができている時でもあります。笑いは、誰にでも簡単にできるお金のかからないストレス解消法の一つでもあります。笑うという動作は、口を開ける、声を出すなど、連動していくつかの動作を同時に行うことができます。そういった意味でも素晴らしい脳と心と身体のトレーニング方法といえるでしょう。

日本には「泣きっ面に蜂」「笑う門には福来《きた》る」ということわざがあります。

笑いや笑顔に溢れる人の周りには、同じように笑いや笑顔に溢れる人が集まる。

しかし、愚痴や不満ばかり言う人の周りには同じように愚痴や不満ばかり言う人が集まる。

まさに理にかなっていることわざです。

あなたなら、どちらの人たちの集まりの中で人生を送りたいでしょうか？

ただ、心が落ち込んでいる時には、笑えない時もあるでしょう。

そんな時には、口角を上げるだけでも大丈夫です。セロトニンという幸せホルモンが分泌されやすくなり、心を安定・安心させ、平常心に戻すお手伝いをしてくれます。

この幸せホルモン「セロトニン」が分泌しやすくなる動作は、ウォーキングやヨガ、ストレッチなどの運動や、太陽の光を浴びるなどです。このような動作を日常で取り入れていくことも心の回復力を高めるためには大切なポイントです。

習慣を一つ変えてみる

日常における動作一つで脳を上手に育てることができるのだということは、ご理解いただけましたでしょうか。

この「脳を育てること」を、まずは一つからで良いので、意識して取り入れていきましょう。

口角を上げてみるだけでも大丈夫です。嬉しいことに、口角を上げることには美容効果もあり、女性には一石二鳥以上の効果が期待できます。

私の講演会では、前述した3つの魔法の言葉と組み合わせた動作を、「幸せなら手をたたこう」の替え歌を使って皆さんと一緒に体験し、一石三鳥以上の効果を目指していただいています。

そして、終わった後はほとんどの皆さまが笑顔になります。

その効果的な方法をお伝えします。

①姿勢を正すためにまずは立ちます（足が痛い方は椅子に座ったままで大丈夫。背骨を伸ばすイメージで正していきましょう。背中が丸まっていると、コルチゾールというストレスホルモンが分泌されやすくなります）。

②心臓より高い位置に両手を上げましょう。そして、手のひらを合わせてパンパンとた

たきます。

手のひらの真ん中には労宮《ろうきゅう》という、疲れやストレスなどに万能といわれているツボがあります。そのツボを刺激するようにパンパンとたたきます。

③替え歌を歌いながら手をたたきます。

歌う時には、声をしっかり出すことも大切です。この時、替え歌には、３つの魔法の言葉「大丈夫、できる、なんとかなる」を組み入れていきます。

歌の合間に「パンパン」と手拍子を入れる時に、「大丈夫、大丈夫」と声を出しながら手を「パンパン」します。

「次はできる、できる」と声を出しながら手をパンパンたたきます。

一番の終わりに、「なんとかなる！」と声を出しながら「パンパン」で終わりです。

これらの動作によって、まずは姿勢を正すことでコルチゾールというストレスホルモンの分泌を抑えることができます。

次に心臓より高い位置に両手を上げることで「ドーパミン」という元気になるホルモンが分泌されやすくなり、手のひらにある労宮を刺激することで更に元気になるのです。

歌うこと、声を出すことでストレス解消にもつながる、そして何よりも言葉が肯定語という、まさに、一石三鳥以上の効果を目指せるのです。

このようにどんなことからでも良いです。習慣を一つ変えることを意識して実践していきましょう。日々の積み重ねの動作が、あなたの幸せ脳を育てることにつながっていきます。

第５章　呼吸と瞑想のワーク

感情の発生

こちらの章ではレジリエンス脳育の4つのメソッドの中の「呼吸」についてお伝えします。

適切な呼吸で感情のコントロールができるようになると、大半の悩みは解消するといえるでしょう。

ここで気を付けていただきたいのが、あくまでも解決ではなく解消であるということです。悩みが解決しなくても解消すると心が楽になるのです。

前述したように、感情は自分の気持ちとは別物だということをまずは知り、コントロールすることができるということを知っておくと良いでしょう。

脳の機能でいうと、扁桃体という私たちの感情を司る部分が「不快」と感じると、ネガティブな感情が湧き出てきます。逆に「快」と感じると、ポジティブな感情が出てきます。目の前の現実がどうであれ、あなたの扁桃体がどう感じるかによって見える現実が変わってくるのです。

・呼吸

ネガティブな感情が湧き出てきた時に、感情をコントロールする方法として最適なのが呼吸です。あなたは自律神経という言葉を聞いたことはありますか？　自律神経は末梢神経の一つで、人の意志で自由に動かすことができないという特徴があると言われています。ただ、この自律神経をコントロールできる、人の身体に備わっている機能が呼吸であるとも言われています。

息という漢字は自分の心と書きます。「一息おく」という言葉があるように、呼吸を上手に使うことであなたの感情をコントロールしていくことができます。そして、呼吸を整えることこそが、心を整えることになるのです。

呼吸が浅くなるのはどんな時でしょうか？

例えば、焦ったり、怒ったり、緊張したり、不安になったりした時の呼吸はどうでしょう。**呼吸が速くなると心拍数も速くなり、自律神経が乱れます。**過呼吸などがその一つです。**呼吸を整えることは、身体と心を整える大切なポイントとなるのです。**

呼吸には「吸う」と「吐く」がありますが、特に「吐く」ことを意識されるといいでしょう。

息を吐く時に、心身共に緩みやすくなります。そして、息は吐き切れば自然と吸えます。焦りや緊張、不安などの状況の時には、呼吸を使いリラックスすることを意識してみましょう。

・呼吸のワーク

呼吸法はたくさんありますが、ご自身の取り入れやすいものから始められるといいです。**ゆっくりと鼻から吸って、口から吐くを繰り返すだけでも大丈夫です。慣れてきたら、3秒吸ったら6秒吐くというように、吐く秒数を吸う秒数の倍にしてみましょう。**

座って行うと姿勢が安定するのでおすすめですが、仰向けで寝て行っても大丈夫です。音楽を流したりしてリラックスできる環境を整えて行うのもおすすめです。

1日3分を目標に、10秒~20秒からで良いので始めてみてください。

・怒りの感情にも呼吸

職場や家庭などで誰かに何かを言われて、腹が立ったり、口論になったり、怒りの感情が昂ったことはありませんか？　実は、人間の怒りの感情のピークは6秒を経過すると緩和されると言われています。この６秒の間に相手に感情をぶつけるのではなく、自分自身の感情をコントロールできるようになると、人間関係も楽になっていきます。

フーッと息を吐きながら「1、2、3、4、5、6」と数え、6秒をやり過ごしてみてください。

もちろん、自分の気持ちや思いは感情のピークが過ぎてから、しっかりとお伝えしてくださいね。

瞑想

ネガティブな感情が発生する時には、扁桃体が活性化されています。扁桃体の活性を抑制するトレーニングを続けると感情をコントロールしやすくなることは科学的にも証明されています。

そこで、効果的な方法の一つが瞑想です。瞑想を続けている人の脳は前頭葉と扁桃体がお互いに融合しているような脳に変わっていることがMRI画像により明らかになっています。

瞑想には、呼吸に意識を向けることで乱れた感情を鎮め、意識を〝今ここ〟に戻す効果があります。更に、脳の働きを高め、自然と物事を違う角度から捉えることができたり、こだわりを手放したり、前向きな思考に切り替える効果もあります。

瞑想と聞くと「無になるのは難しい」と思うこともあるかもしれませんが、無になれなくても大丈夫です。何かが思い浮かんできたら、思い浮かんだなと認めてあげれば良いのです。慣れない間は違和感があるかもしれませんが、**1日1分からでも良いので少しずつトライしてみてください。**

感情に翻弄されることが多々あった私も、瞑想を実践するようになってからは以前のように感情に翻弄されるようなことが少なくなりました。

特におすすめなのが「慈悲の瞑想」です。

慈悲の瞑想は、仏教の「慈悲喜捨《じひきしゃ》」という考え方がベースにあります。

●慈→慈しみの心

「あの人が幸せでいてほしいな」という気持ち

●悲→あわれみの心

「あの人の悲しみや苦しみが少しでも楽になればいいな」という気持ち
●喜→喜びの心
まるで自分のことのように、他者のことを喜ぶ気持ち
●捨→無差別平等に願う心
自分の執着を捨てて「慈・悲・喜」の３つを無差別平等に願う気持ち

「慈・悲・喜・捨」という、この４つの言葉を唱えながら瞑想します。

慈悲の瞑想を続けていると、次のような効果が表れることが科学的にも証明されています。

●共感力が高まる
●ＥＱ（心の知能指数）が高まる
●良好な人間関係を築きやすくなる

理性的に思考する前頭前野が活性化し、自身の苦痛はもちろん、他人のネガティブな場

面を目撃しても感情に振り回されることなく、物事を肯定的に捉え、理性的に行動することができるようになります。

慈悲の瞑想はストレス軽減、うつ病の改善、慢性痛や頭痛の軽減、共感力が高まるため、人間関係が良好になります。

毎日継続していくことで、脳が変化していくことは科学的にも証明されています。あなたの日常にもぜひ取り入れてみてはいかがでしょうか。

・慈悲の瞑想ワーク

楽な姿勢で座りましょう。

優しく背筋を伸ばし、ゆったりとした呼吸を数回繰り返し、心を落ち着かせていきましょう。

言葉を心の中で繰り返し唱えていきます。

私の命が幸せでありますように

私の命が健康でありますように
私の命が苦しみから解き放たれますように
私の命が平穏、無事に暮らせますように
私の命が幸せでありますように

私の親しい命が幸せでありますように
私の親しい命が健康でありますように
私の親しい命が苦しみから解き放たれますように
私の親しい命が平穏、無事に暮らせますように
私の親しい命が幸せでありますように

私の嫌いな命が幸せでありますように
私の嫌いな命が健康でありますように
私の嫌いな命が苦しみから解き放たれますように
私の嫌いな命が平穏、無事に暮らせますように

私の嫌いな命が幸せでありますように
私を嫌っている命が幸せでありますように
私を嫌っている命が健康でありますように
私を嫌っている命が苦しみから解き放たれますように
私を嫌っている命が平穏、無事に暮らせますように
私を嫌っている命が幸せでありますように

生きとし生けるもの、すべてが幸せでありますように
生きとし生けるもの、すべてが健康でありますように
生きとし生けるもの、すべてが苦しみから解き放たれますように
生きとし生けるもの、すべてが平穏、無事に暮らせますように
生きとし生けるもの、すべてが幸せでありますように

ゆっくりと深い呼吸を繰り返していき、心の準備ができたらゆっくりと瞼を開いていきましょう。

第6章　イメージのワーク

イメージが起こす現実

・イメージは無限大

私がイメージトレーニングに出会ったのは、がん手術後、後遺症に苦しんでいた時でした。当時初めて受講した尾崎里美先生のセミナーは、受講者各々が健康、仕事、人間関係などのテーマを持っていて、私のテーマは健康でした。セミナーの中で尾崎先生に、自分がどうなりたいのか？　と問われる場面がありました。私は当時、下肢リンパ浮腫、腸閉塞の後遺症に悩んでいたので、尾崎先生に、「まずはリンパ浮腫を治したい」と伝えました。

私は術後すぐに右足にリンパ浮腫を発症し、専門医からは、「リンパ浮腫は発症すると治ることはありません。現状維持することを心がけてください」と言われていました。また、「新崎さんはこれから先、弾性ストッキングを一生履く生活を送ることになります。フットネイルをすることも、素足でサンダルを履くことも難しくなり、おしゃれとは縁遠くなるでしょう。飛行機も2時間以内にしてください」と告げられたのです。

「もう治らないんだ」「なってしまったものは仕方ない」「専門医に言われたのだからそうなのだ」そう思って諦めてしまう人が多いのではないでしょうか。

私は特に弾性ストッキングを着用するのがとても苦痛で、「どうにかして弾性ストッキングを脱ぎたい。苦痛から解放されたい」と思いながら、5年間苦痛に耐えていたのです。日々の苦痛に耐えて頑張っていたにもかかわらず、5年後には左足にもリンパ浮腫を発症。

私の心は折れそうになっていました。

尾崎先生からは、「治ったらどうなりたい？」と聞かれたのですが、その時私の口から出た言葉は「わかりません」でした。そして次に出た言葉が「お医者さんに治らないと言われたので、治ったことなんて考えたこともないです」だったのです。私は治った時の自分を全くイメージできていませんでした。いや、できていなかっただけではなく、治らないと思い込んでいたのです。そこから自分が治ったらどうなりたいのか、どうしたいのかをイメージしたのですが、初めは考えたことすらなかったのでイメージもできませんでした。イメージトレーニングをしていくうちにイメージできるようになり、「弾性ストッキングを脱いで素足でミュールを履きたい」「フットネイルをしたい」「海に泳ぎに行きたい」という願望が出てきました。下肢リンパ浮腫患者には弾性ストッキングは必須、素足は厳禁、フットネイル厳禁、海も厳禁だったのです。蜂窩織炎《ほうかしきえん》になる可能性が高く、悪化すると大変だからと厳しく言われていました。なので、イメージは浮かびながらも、私の中では「絶対無理やわ」と思っていたのです。

更に、尾崎先生から「弾性ストッキングを脱いで素足でミュールを履き、フットネイルをして海に泳ぎに行っているあなたを見て、お母さんはどんな声をかけてくれた？」と聞かれ、私の頭の中には「そんな素足になってネイルなんかして酷くなったらどうするの？海なんて行ったらダメ！　やめなさい」と言っている母が出てきました。私が「大丈夫やから」と言うと、母が「大丈夫じゃない。リンパ浮腫になったら治ることないんやから酷くならんようにしないと」とダメ押しされるイメージだったのです。この私のイメージがまさに現実化していたのでしょうね。術後5年経って左足にも症状がでてきていた私は、そこから自分にかける言葉を変え、わらにもすがる思いでイメージトレーニングをしました。「弾性ストッキングを履かないとリンパ浮腫が悪化する。現状維持ができない。フットネイルをして素足でミュール、そして海で泳ぐなんて論外」という思い込みを捨て去り、まずは「フットネイルをして、素足でミュールを履き、海に泳ぎに行きました」に言葉を変えたのです。「リンパ浮腫」にフォーカスして「リンパ浮腫を治したい」と言葉にしてイメージしていると、リンパ浮腫の自分の足ばかりがイメージに出てくるのです。それは、「治らないよ」と自分で暗示をかけているようなものなのです。

言葉やイメージによって身体は本当に変わっていきます。まさに私が実体験者なのです。「フットネイルをして、素足でミュールを履き、海に泳ぎに行きました」

今度はこちらの言葉を自分で暗示をかけました。これを「アファメーション」といいます。そうしたらなんと、自分の行動も変わってきて、まずは勤めていた病院の退職と同時に「脱！　弾性ストッキング」をトライしてみました。これまで毎日履いていた弾性ストッキング。お腹も苦しく、暑い日には汗疹《あせも》が出たりしました。全身を圧迫されているようで本当に生きている心地がせず、苦痛で苦痛でたまらなかったのです。それを我慢して履いていたにもかかわらず5年目にして左足にも浮腫を発症し、心が折れそうになっていました。だけど自分の身体は自己責任。その頃には色々学んで少し柔軟に捉えられるようになっていました。可能性を広げる方法も知ったので、脱ぐ、脱がないの０か１００ではなく、「履きたいと思ったらまた履いたらええやん」と、厳禁を破る自分を許してあげたのです。イメージする時は、治ってワクワク楽しんでいる自分をイメージするのです。そうしたらなんと、その願いが叶い、イメージトレーニングをやり出して1か月後にはフットネイルをして、その2か月後には、飛行機も2時間以上厳禁と言われてはいましたが、セブ島の海で泳いでいました。

そして、7年経った現在も弾性ストッキングは履いていませんが、維持できています。

私は決して医療を否定しているわけでも、履いている人に脱ぎましょうと言っているわけでもありません。自分がどうしたいのか？　どうなりたいのか？　もしそうならないような言葉かけをしているようならイメージを変えてみてはいかがでしょうか、ということをお伝えしたいのです。**過去は変えられませんが、イメージすることを変えることでその先の現実が大きく変わることを私は体験しました。**

その後もさまざまな場面でこのイメージトレーニングを活用し、望む未来を手に入れてきました。

今回の執筆もその一つです。

イメージというのは「想像して創造する」つまり、自分の頭の中で「想像」すること、すなわちイメージすることで「創造」――目の前の現実を作り出すということです。そして、それは誰にでもできます。あなたもイメージを活用し、望む未来を手に入れていきま

しょう。

こちらの章では、レジリエンス脳育の４つのメソッドの中の「イメージ」について、具体的にいくつかのトレーニング方法をお伝えしていきます。

悲観からの発見（イメージは身体も変える）

私が子宮がん術後の後遺症の中で最も苦しんでいたのが腸閉塞でした。術後最初に体験した激痛で恐怖感となり「またお腹が痛くなったどうしよう」と、常に頭のどこかで考えるようになってしまったのです。

まさに望まないことをイメージし、「想像して創造していた」のです。

そんな私は、日常でも友人と食事に行くなど何か出かける予定がある毎に「今お腹が痛くなったらどうしよう」「明日お腹が痛くなったらどうしよう」と口にし、腸閉塞が発症していることをイメージしていたのです。

言葉を重ねれば重ねるほど、具体的、明確、鮮明にイメージしていました。自分自身が「お腹が痛くなる」という未来をイメージすること。自分に暗示をかけるという行動がその事象を引き起こしていたということです。

振り返ると、そのセルフトークが現実化し、何度も腸閉塞を繰り返していたのでしょう。しかし、私が本当に望んでいたのは「お腹の調子も良く、スムーズに出かけ楽しい時間を過ごすこと」です。

不安というのはまだ起こっていない未来のイメージです。そしてその不安のイメージはあなたが本当に望んでいる現実でしょうか？

それに気づいた私は、**不安に思う感情に寄り添いながら（セルフトークマネジメント）、言葉かけ（セルフトーク）を意識して変える**ことにしてみました。

「お腹が痛くなったらどうしよう」を、お腹にフォーカスせず「大丈夫」「スムーズに行ける」「なんとかなる」などその場に合わせた肯定語に変えてみました。何度も何度も不安は出てきましたが、繰り返し実践しました。

おかげさまで、イメージトレーニングを始めて腸閉塞になる頻度が激減し、この7年間は一度も腸閉塞を発症していません。

自分が何をイメージし、どんな言葉かけをしているかによって、身体にもつながるのだということを実体験しました。

不安になることは誰にでもあり、決して悪いわけではありません。

ただ、**不安になると無意識にあなたの望まない現実をイメージしているのだということを知ってほしい**のです。

もし、あなたも不安になり無意識にイメージしている望まない現実を変えたいと思うならば、まずはそのことに気づくこと、そして**あなたが本当に望んでいることは何かと考えてみてください。まずはそのイメージになるように言葉を変えてみましょう。あなたのイメージ「想像」が未来のあなたの身体「創造」につながります。**

自分で決めることの大切さ

今の職場が自分の思っているような職場ではなかった場合、あなたならその先の未来に何を選択しますか？

①嫌だと思いながらそのまま働き続ける。

↓職を失うという心配も少なく、毎月の給料は保障されている。

②嫌だと声を出して仕事をやめる。

↓職を失う。次の職を探さないといけない。生活していけるのか不安。しかし、自分の好きな仕事に就ける可能性ができる。

この二つの選択はどちらも間違いではないのです。

なぜならば、自分が何を大切にし、優先したいのかということによって答えは変わるからです。

職の保障や給与の保障が優先と思うならば、嫌だと感じていることを切り替えて働きやすくなる方法を自分で見つけ出す、すなわちイメージするのです。そうすることで自分が楽になります。

もっと仕事の時間を充実させたいと思うならば、新しい仕事を探すことで、結果、自分の思う職に就ける可能性があります。そのイメージをするのです。

大切なのは自分がどのように捉えるか、すなわちどのようにイメージするかということです。

以前、転職をした男性からこのようなお話を伺いました。

彼は大学を卒業後A社に就職し７年経ちました。その会社は本来彼が望んでいた就職先ではなかったそうです。日々多忙な業務の中で彼は疲れ果てていました。何よりも彼をしんどくさせていたのは、職場の飲み会で会社や上司の愚痴が多かったということでした。

彼は思い切って転職することを決めました。そして１つ、自分でルールを決めたそうです。

転職したら「会社と上司の愚痴は言わない」と。そして転職。

「新しい職場は以前の職場よりも多忙だけれども、精神的には楽になりました」

と言っていました。

まさに、彼は自分が楽になるように自分でルールを決めたことで、その先の未来のイメージが変わったのです。想像して創造する。自分のイメージ（想像）で自分の未来をつくった（創造した）のです。

同じように数か月前に転職をしたが、思うような職場ではなかったため再度転職を考えていた同年代の男性が、彼の話を聞き、「捉え方、考え方を変えたらいいのだ」ということに気づいたそうです。そして、彼も、（自分がどうしたいのか？　転職はしたい。だけどすぐには生活もあるのでやめられない。ではどうしたら楽に働けるか？）そう自分に問いかけイメージしていったのです。すると、そうすることで脳の情報収集する機能（RAS）が働きます。

ある日、彼がYouTubeを見ていたら遠洋航海漁船の動画が目に入ってきたそうです。彼には遠洋航海漁船での仕事は荒波の中で過酷な仕事のように思えたそうで、（その仕事に比べたら自分の仕事は楽やん）と思ったそうです。（遠洋航海だと家に帰りたくてもすぐには帰れない。けれども今は仕事が終わったら家に帰れる。それだけでも幸せや）と。その日から彼は吹っ切れたように気持ちが楽になったそうです。

二人の転職を考えていた人のお話ですが、二人とも自分がどのように捉えるか、どのようにイメージするかによって目の前に起こる現実が変わりました。

目の前の現実を自分が前向きに納得できるように、上手に自分でイメージを変えること。それが楽に生きられるポイントなのです。

聴覚・嗅覚を使おう

ネガティブな気持ちになった時、やる気スイッチに活用できるのが「聴覚・嗅覚」です。

まず聴覚は、過去に聴いた音楽や音など、耳から聞こえる感覚を使うのです。

あなたは、音楽や音を聞いて元気が出ると感じたことはありますか？

逆に特定の音楽を聴くと悲しくなったり、過去を思い出したりすることはありませんか？

そうです。これがまさに〝イメージ〟なのです。

私は何か新しいことにチャレンジしたり、目標を立てる時など、ターニングポイントのような時に必ず聴く音楽があります。それはゆずの「栄光の架け橋」です。その音楽を聞くと、「大丈夫」「やれる」「絶対に大丈夫」と思え、勇気が出ます。

そして、不満が多くなってくると聞く音楽があります。それは竹内まりやの「いのちの歌」です。この歌を聞くと生きていることがありがたいと、感謝の気持ちが湧いてきます。

このように、不安や不満などネガティブ感情が出てきた時に、自分スイッチを切り替え

るアイテムの一つが音楽です。

逆に、妊娠中のつわりの時に見ていたテレビドラマの主題歌は、今でもその音楽が聞こえるとつわりを思い出し気持ちが悪くなることがあります。

スポーツ選手も、試合の前に自分スイッチの入る音楽を聴いて、緊張や不安、怒りや落ち込みなどの感情を緩和し、試合への気持ちやパフォーマンスを高める方も多いようです。

嗅覚も同様です。

あなたのお気に入りの香りはありますか?

私はバニラエッセンスの香りが好きでした。バニラエッセンスの香りをかぐと子供の頃にお菓子を作っていた楽しいキッチンの光景が思い出されていました。今はアロマオイルのお気に入りの香りをアイテムとして携帯しています。不安になったり、緊張したりした時には、それをかいで気持ちを切り替えるようにしています。

このように、人生を甘くするか苦くするかは自分次第!

自分の感情と上手に付き合うために、スイッチ切り替えのためのお気に入りアイテムを

ストックしておきましょう。

上手に付き合う

・失敗ではなく経験の一部

前述したセブ島旅行。楽しかったで終われば良かったのですが、セブ島往復の長時間フライトで、関西空港に到着した時には浮腫が悪化し4キログラムも体重が増えてしまったのです。やっぱり無理したのかな？　と後悔し落ち込んでいた私。

しかし、ケアをしてくださった看護師から「悪化しても元に戻ればいいのよ。上手に付き合いながらやりたいことをやっていったらいいよ」と意外な言葉をもらえたのです。

0か100かの思考が強く、「成功か失敗か」しかなかった私は「自分の身体と上手に付き合うことの大切さ」「ほどほどの大切さ」を学びました。3日間朝夕リンパ浮腫ケアをしてもらい、見事浮腫も体重も元に戻ったのです。

「また何かあればいつでも連絡して」

その言葉に勇気づけられ、時には人を頼り助けてもらいながら、上手に自分の身体と付き合い、生きることの大切さを学びました。そのおかげで今ではさまざまなことにチャレンジできるようになりました。

イメージは、目の前の出来事のその先をいかようにも変えることができます。

失敗と捉えて「二度とこうならないように」と不安な思い込みでイメージしてしまってその先の未来にチャレンジしなければ、可能性は途絶えてしまいます。ですが、経験の一部と捉え、「どうしたらできるかな」と可能性を信じ方法を考えてみる。

あなたの捉え方一つで、その先の未来のイメージが変わります。そして想像して創造する。つまり、その先の人生も自分のイメージしたことで創り出されていくのです。

人生は色々なことが起こります。**完璧を求めず、時には人の手を借りながら、自分の心と身体と上手に付き合えるようなイメージをしていくことが、あなたらしい人生を送れることにつながっていくのではないでしょうか。**

第7章　自分軸で選択しよう

自分軸と他人軸

心の回復力を高めるために、まずは自分にベクトルを向けることが大切です。

もし、あなたが大切な何かを選択しないといけない場面で、あなたは納得のいく「最適」な選択をすることができますか？

そもそも、納得のいく最適な選択とは、どんなものなのでしょうか？

こちらの章では、「自分軸、他人軸、自己中」という言葉を用いて、自分にベクトルを向けることの大切さや、納得のいく最適な選択ができる方法をお伝えしたいと思います。

自分軸とは、自分の思いを伝えつつ、他人の意見も尊重すること。他人軸とは、自分の思いや意見はあるが、まず他人がどうなのかなど他人を優先すること。自己中とは、自分の思いや意見がすべてで他人はどうでもよいという考え方です。

・アイスクリーム

アイスクリームのお話で例えてみます。

あなたが友人と二人でいる時にアイスクリームを食べることになりました。目の前にバニラアイスとチョコアイスが1個ずつあります。あなたならどうしますか？

あなたがバニラアイス派だとして、**自己中**の人ならば、「私はバニラが好き」と言い、当然のようにバニラを手に取り、食べてしまう。

あなたが**他人軸**の人ならば、自分よりも他人が優先なので、「あなたはどっちがいい？」と、先に目の前の友人に聞くでしょう。そして自分はバニラが好きでも、友人がバニラが好きと言うなら、自分の気持ちを抑えて友人にバニラを譲るでしょう。

では、**自分軸での選択**はどうでしょうか？　自分はバニラがいいという気持ちをまずは相手に伝える、そして、「あなたはどっちがいい？」と聞く。違う物を選択していれば、お互いに好きなものを手にできますが、同じものを希望した場合は「ジャンケンで決める？」など、お互いが納得できるように相談する。

その結果、どっちを手にするかはわかりません。仮にチョコを手にすることになったとしても、自分の気持ちを伝え、ジャンケンという方法になり負けた結果であれば納得できるのではないでしょうか。そしてこれが**最適な選択**であるいうことです。**結果にこだわらない**ということも大切です。

なぜならば、チョコを受け取った自分に、友人が「バニラを譲るよ」と言われたら、「ありがとう」と受け取れば良いのです。

結果にこだわらず、その都度、その都度柔軟に対応していくことが大切なのです。

自分軸での生き方こそが人間関係を良好にします。

あなたは日常生活で何か大事なことを選択する時に、自分軸、他人軸、自己中のどれで選択していることが多いでしょうか？

納得のいく「最適」な選択

●がん治療の体験から

納得のいく「最適」な選択とはどのような選択でしょうか？

私には、過去に次のようなエピソードがありました。

・エピソード１　がん治療の選択

私の子宮がんは２０１１年に受けた市民検診で見つかりました。当時、軽い気持ちで受けた市民検診。まさか人生の大転機が起こるとは想像もしていませんでした。がんの種類も〝腺がん〟という進行性のがんだったので、あれよあれよという間に手術に至りました。

突然のがん宣告の後、目まぐるしく日々が進む中でさまざまなエピソードがありますが、その中で「医療者と相談して選択する」という場面が何度もあったのです。

その１つが、セカンドオピニオンを希望した時のことです。

私はA病院で治療を受けていましたが、専門病院ならより良い治療法があるかもしれないと思い、一大決心をして、ドキドキしながらがん専門病院にセカンドオピニオンの相談の電話をしました。すると、

「セカンドオピニオンを受けて当院での治療を希望されたら、A病院には戻れません」

とまずは一言。

セカンドオピニオン……どちらかというと何度も経験することでもなく、誰もが経験はしたくないものではあります。私も初めての経験でしたが、この時に感じたのは（こんな素っ気ない対応なの？）という驚きでした。

病院側にしてみれば、多くの問い合わせの中の一人であって、その後も事務的な話をしただけでした。

その場はそのまま電話を切ることにしましたが、（本当に私のことを考えての言葉だったのかな）と、だんだん怒りが湧いてきました。それと同時に、どんどん不安な気持ちが頭の中を駆け巡ってくるのでした。

（私を助けてくれるのはどこの病院で、誰が助けてくれるの？　医者？　看護師？　その他の誰か？　A病院？　B病院？　その他の病院？　私はこれからどうなるの？　何を選択すればいいの？）

翌日、不安だらけのまま検査のためにA病院を受診しました。その時に、外来看護師さんにセカンドオピニオンの相談をしたことと、結果、不安しか残らなかったことを話しました。

看護師さんは私の話を親身になって聞いてくれて「私が新崎さんだったらこのままK先

生にお任せするよ」と言いました。主治医であるＫ先生ががん専門の病院でも診察をしていたこと、同じ症状の患者を何人もの治療を経験してきていることや、「Ｋ先生の腕は凄いよ」と、Ｋ先生のお話をしてくれ、退院後のフォローのことも含め、私が選択するための色々な情報を提示してくれました。

私は看護師さんの話を聞いたことで前日の不安が一気に消え、Ａ病院のＫ先生に委ねることを選択することができたのです。

このエピソードでわかることは、まずは自分の不安な気持ちを看護師に伝えたことで、看護師からアドバイスをもらうことができたということ。そして、私自身がその情報を基に納得してＫ先生にお任せすることができたということです。

人は不安になると感情に飲み込まれてしまうことが多いのです。そんな時は、一人で悩まず誰かに相談する。そして、可能な限りの情報を集め、納得できる選択肢を増やすことも大切なのです。人任せにしないということです。

・エピソード２　手術日の選択

主治医のＫ先生から、「新崎さんは腺がんなので一日も早く手術したほうがいいです」

と言われ、手術中の自己血輸血に備えた自己血採血の2週間後の日を提示されました。

私は当時、大学の事務局に勤務していて、3週間後に文科省の監査があり、その担当課に配属されていました。そのため、監査が済んでからにしてほしいと言うと、「自分の身体と仕事とどちらが大切なの」とすごく怒られ、手術を遅らせるデメリットの説明をしてくれました。病状的にも1日でも早く手術したほうがいいからということで、最短の日で手術日を決められました。

しかし、私は主治医の言うことを聞かなかったのです。このまま2週間後に入院して手術をしてもらっても、監査のことが気になって自分の治療に専念できず後悔するのではないかと思いました。職場に復帰することができないかもしれないという思いもあり、それならば、身体的にはデメリットはあるが監査を終えてスッキリして治療したいと主治医に伝えました。家族からも猛反対されましたが、結果、3週間後の監査が済んだ翌日に入院しその翌日の手術に変更してもらいました。


この2つのエピソードを読んであなたは何を感じましたか？

エピソード2は、（わがままな患者やな）と思われたかもしれませんね。

ただ、エピソード1、エピソード2はいずれも医療者が提示してくれた情報から、私自身が納得のいく選択をしています。

しかし、2つとも「最適」な選択だったといえるでしょうか？　ここでの最適な選択とは、「自分軸での選択をする」ということです。

アイスクリームのお話を思い出してください。

私だけにアイスクリームが用意されたのであれば、どちらを選んでも自分が納得することが最適になるわけです。

エピソード1は、自分が納得できればどの病院を選んでも最適な選択になるわけです。

しかし、エピソード2はいかがでしょうか？　手術日というのは、私だけの都合で本来は決めるべきものではないものです。この場合は、医療者の都合、家族の都合もふまえたうえで決めることこそが、自分軸すなわち「最適」な選択になるからです。

エピソード2で、私は家族に相談することなく独断で手術日を決めました。家族は仕方ないとしぶしぶ了承。当時息子は高校生だったので、両親や夫にも協力してもらわないといけなかったわけです。しかし、私のとった行動はどうでしょうか？　協力どころか「私がこうしたい」という思いだけで決断してしまっていました。

例えば、3週間後の手術日にした場合、息子の面倒を見てもらえるかどうか相談していたらどうなっていたでしょうか？　両親にも仕事などの予定があります。1か月先に旅行の予定が入っていたかもしれません。

両親にそのスケジュールでは息子の面倒を見るのは難しいと言われていたら、私の優先順位が変わり2週間後の手術日を選択していたかもしれません。

ですが、私は両親や夫の都合、医療者の都合などの確認もせず、3週間後にしてほしいという自分の要望を通したのです。私だけが納得していても、決して最適な選択にはならず、ただの自己中なのです。

今、タイムスリップし当時に戻れるならば、「私は3週間後の手術日にしてほしいと思っている」と自分の思いを家族や医療者に伝え相談し、各々の同意を得た上での最適な選択をしたでしょう。

この時の私は納得のいく選択はできたけれども「最適な選択」ができたわけではなかったのです。

●患者さんのエピソード

人生において、結果がどうであれ納得のいく選択をするということは大切なことであり、それは私自身の体験からだけではなく、医療ソーシャルワーカーとしてお仕事をさせていただいた中でも多々感じることがありました。

こちらでは、私の心に残っているお二人の患者さんのエピソードをお話しさせていただきます。

・エピソード1

余命宣告を受けたがん末期の患者さんのエピソードです。

患者さんは他院で抗がん剤治療を受けておられましたが結果がおもわしくなく、主治医から積極的な治療方法はもうないから、痛みがでたら入院できるようにと来院されました。

患者さんは奥様と来院され、診察前に私がお話を聞かせていただくと、

「実は入院など望んでないんです。主治医に見放されて、どうしていいのかわからないんです」

と話され、非常に困惑しておられました。

決して主治医は患者さんを見放したわけではないのですが、患者さんがそのように思い込んでいるのです。

医師の診察でも、患者さんは「主治医から治療方法はないと言われているが、積極的な治療を受けたいんです」と、ご自身の望まれていることを話され、今のままでは納得できないと言われていました。

医師は他院を受診しても結果は主治医の判断と同じになるかもしれないけど、それでも受診したいというのであれば他院を受診できるように協力しますと話され、医師の知り合いの先生を紹介されました。

患者さんは、「主治医に見放されたと思っていたので気持ちを聞いてもらえて救われました。何か別の方法を提示してくれるかもしれないし、そうでなくてもこれなら納得できます」と言って紹介された病院を受診されました。

その後、日常生活においても患者さんご自身が非常に前向きになられ、自分の思いを伝えたことで納得のいく選択ができ、一歩踏み出すことができたのではないかと私は思いました。

・エピソード２

もうお一人の患者さんは　自己免疫疾患の患者さんです。

主治医から減薬を提示されていたのですが、痛みが酷かった時に自己判断で増量したそうです。患者さんは痛みが出た時の増量については主治医も了承してくれていたと思い、増量したことを主治医に伝えたら、「減薬を守れないようなら他の先生に診てもらうようにしますか」と言われたそうです。主治医に見放されてどうしていいのかわからないと相談に来られました。

この患者さんは減薬して痛みが出ることに非常に不安を感じており、薬を増量してでも少しでも痛みがやわらいだ状態での生活を望まれていたのです。

主治医に確認したら、「減薬については提示していたが、痛みが出た時の増量は了承していない。他にも薬を服用しているのでそもそも増量は許可していない」ということでした。

患者さんの思い込みと勘違いだったこともあるのですが、そもそも患者さんご自身がどんな生活を送りたいのかということを主治医に伝えていなかったことが、この問題の大きな要因だったのです。

主治医は患者の最善を考え減薬を提示していたのですが、痛みが酷くなった時にどうするかというところを、もっときちんと話し合っていれば患者さんの勘違いも起こらず、主治医から見放されたという話にはならなかったのではないかと思います。

エピソード1、エピソード2共にお二人の患者さんに共通しているのが、「主治医から提示された内容に納得されていなかった」ということです。更に主治医に見放されたと感じ、どうしていいのかわからず困惑していました。

このような状況は転院相談の家族面談の時にもありました。

面談に来られたご家族が転院に納得されておらず、「こんな状態でなんで転院?」とか、「病院から追い出されるようだ」と言われることがたびたびありました。決して急性期病院の対応が悪いのではなく、医療制度によって転院は致し方ないことなのです。ご家族が現状を受け入れて、今ある選択肢の中で納得できる最適な選択をすることが前に一歩進むことにもつながるのではないでしょうか。

納得のいく最適な選択とは、自分の思い通りに事を進めることではないのです。まさに〝自分軸〟です。私も相手も納得している。そして、結果にこだわらない。その都度、その都度「最適な選択」をする。選択は変わってもいい、ということです。

特に医療現場では、患者が納得した選択ができるよう医療者の方々にサポートしてもらいたいと強く思います。しかし、私の手術日の選択のように主治医の最善と患者の望んでいることとは違う場合もあります。患者が納得いかなければ、いくら主治医が一生懸命頑張ってくださっても感謝できず、最善の方法を提示してくれているとわかっていてもありがたいと思えないこともあるのです。最適と最善は違います。

患者にとっては、結果だけではなく、納得できたかどうかということも大切なのです。結果は同じかもしれません。ただただまわり道になるだけかもしれませんが、人は納得できると歩むことができるのではないでしょうか。

専門的な知識のある医師から納得できる選択肢を提示してもらえることは、患者として非常に心強くありがたいことです。その選択肢も、できれば1つでも多く提示してもらえればもっとありがたい。ですが、診察時間内という限られた時間の中で、医師も患者の意向をすべて聞き取ることは難しいこともあるでしょう。そこで患者も、自分の思いを伝えられるように、診察前に整理してメモしておくなどの工夫も必要ではと思います。意思表示もせず、何を望んでいるのかわからなければ医療者も対応のしようがないのです。

人生は迷ったり、戻ったり、進んだり、立ち止まったりとその連続です。だからこそ、自分軸で納得のいく最適な選択をすること、そして、そのための工夫が大切なのです。

・たった一つを変えてみよう！

自分軸、他人軸、自己中　あなたの傾向はいかがでしたか？

私の被っていた仮面の一つに、「人に言わない、相談しない」という仮面がありました。理解してもらえない、言っても無駄、自分でなんとかしなきゃという思い込みがその仮面を作っていました。

そんな私は、自信がないのになんでも自分で決め、勝手に進め親や周りの人にも事後報告が多い、いわゆる自己中傾向があったのです。

過去の私のように、他人を気にしすぎる他人軸傾向の人は、時に自己中になりやすいのです。

なぜならば、自分を上手に表現する方法を知らなかったり、経験が少なく、自分軸での生き方に慣れていなかったりするからです。

「なんでもっと早く言わなかったの？　なんで相談しなかったの？」と親にもよく言われ、怒られることが多かったのですが、（どうせ言っても理解してもらえない、聞いてもらえない、信じてもらえないのに……）と心で叫びながらも、（本当は相談したかった、助けてほしかったのに）と心の中で葛藤しているのです。

いっぽうで責められる私は、（お母さんが聞いてくれない、お父さんがわかってくれない、〇〇さんが……）と、心の中では逆に他人責めをしていました。

そんなことを何十年も繰り返して生きてきたのです。

自己肯定感の低かった私は、目の前のことだけを指摘されても、すべての事柄、私自身を否定されているように感じてしまい、心が折れてしまっていたのです。

ある時、仕事でも同じように理解してもらえないと感じた場面がありました。（一生懸命やっているのに、なぜそうなるの？　意味がわからない？　もういいわ……）と、いつもの思考癖が反応して黙り込んでしまったのです。そんな私に、上司はこう話してくれました。

「また、もういいわと思って、現実を箱に閉じこめて去っていくのか？　本当はそんな子じゃないことを知っているのでもったいないと思う。『私に何が足りなかったのかな？』『どうしたら上手くいったのかな』と自分に矢印を向けてみては」

はっとしました。

指摘されると（責められている、なんで？　なんで？）と人にばかりベクトルを向けていて、「どうしたら？」という思考で自分を省みることが少なかったのです。

まさに0 or 100思考で、諦めることが多かった私は、そのような捉え方、すなわち思考がなかったのです。

そのことがきっかけで、自分にベクトルを向け、考えるというトレーニングを意識して実践しました。

そこで私が見つけた3ステップの方法がこちらです。

ステップ①ベクトルを自分に向け、自分に問いかける

「私はどうしたいの？」「私はどう思っているの？」

自分の思いや考えを自分が理解する。

ステップ②相手がいる時には自分の思いや考えを伝えて相談する

「私は◯◯と思っています。あなたはどう思いますか？」「私は◯◯と感じました。いかがでしょうか？」など、疑問符にして相手に委ねる。

【ポイント】

相手からの返事は、あくまでも相手の意見や気持ちなので、**受け入れるのではなくまずは受け止める。**

ステップ③結果にこだわらない（変わってもいい）

これが3ステップです。

人は、自分の思いを伝えることができれば、モヤモヤした感情はかなり消化されます。解決と解消は違いますが、解消することで心が楽になります。

恋愛に例えると、好きな人がいて、思いを伝えることができずモヤモヤしている自分、思いを伝えて結果を相手に委ねる自分。結果は成就するか残念な結果になるかはわかりませんが、どちらにしてもあなたの成長につながるのではないでしょうか？　そして何よりも伝えることで気持ちの整理がつくのではないですか？

自分の思いを伝えることができないことこそが苦しいのです。心の便秘と私は呼んでいます。

たった一つを変えるだけで、納得できる最適な選択ができる方法です！

それは、**「自分にベクトルを向ける言葉」に変える**のです。

「どうしたらいいの？」という状態では、脳が彷徨ってしまうのです。まずは、自分はどうしたいのか？　理解してほしいのであれば、どうやったら理解してもらえるのか？

と問いかける。

そうすることで、RASが働き方法を探しはじめるのです。

例えば、家の掃除機が故障し、買い換えをしようと思っていたら、掃除機の情報を目にするようになりませんか？　気になる車種の車があったら、その車を目にすることが多くなりませんか？

急に情報が増えたわけではなく、あなたの脳が必要な情報を探しているので目につくようになるのです。この機能を上手に使うのです。


自分へ問いかける言葉を変えてみてください。

「私はどうしたいの？　私はどうなりたいの？　どうやったらできるかな？」

すると、あなたの脳は必ず反応してくれます。そして脳は対応策を探そうとします。

そういう機能を私たちの脳は持っています。ぜひ活用していきましょう。

人は納得できれば歩むことができます。**まずは、「私はどうしたいのか？」と、あなたの心に問いかけてみてください。**

第8章　実際の体験から

この章では、実際にレジリエンス脳育を実践した方々の体験談をご紹介します。

岡田ゆうこさんの体験談

2020年に新崎さんとの出会いがあり、「レジリエンス・心の回復力・脳のトレーニング」のことを知り、その後講座や個別セッションを受けることにしました。

以前の私は、例えば週末に旅行に行く予定があって楽しみのはずが、「雨が降ったらどうしよう」「風邪を引いてしまったらどうしよう」と、傘や風邪薬の準備をしていても不安、心配。週間天気予報で雨の予報が出たら余計に心配になっていました。

しかし、トレーニングを実践した今では、「雨が降ったらどうしよう」と、現実にはまだ起こっていないことを不安・心配している自分の癖に気づき、傘の準備をしていたら大丈夫と安心できる思考に切り替えることができるようになりました。

こんなに変わることができました!!

私は２０１７年に乳がんと診断され手術をし、現在は３か月に一度クリニックへ行き、薬をもらい検査をしています。

２０２３年5月、いつものようにクリニックへ。ＣＴ検査の結果、精密検査を受けることになりました。

この時、頭の中は（精密検査を受ける＝また入院手術をしないといけない。どうしよう。また仕事休むんだ……どうしよう）と不安だらけでした。

（え〜、せっかく5年経って安心していたのにまた……なんで？　やっと病気になる前の生活に戻りかけて旅行にも行ったりしてたのにまた入院、手術か……最悪）

（また仕事を休まなきゃいけなくなる）

（なんで私ばっかりこうなるん。何回入院したらいいん。もう死んでしまえばいいって疫病神、死神に思われているん？）

こんなことばかり考えては涙が出て、情けなくなってまた涙が出て……。

誰かに話を聴いてほしくなり、患者会の方に電話をかけ、泣きながら話をしているうちに、そんな自分にモヤモヤしてきて涙が止まりました。

「あれ。私まだ精密検査も受けてない。まだ起こってないことを心配している。あっ、不安になり心配するクセがでてきた」

とわかった瞬間にホッと落ち着くことができました。

クリニックの皆さんや、職場の皆さん、家族、患者会の皆さん、はまなすの会のことを教えてくれた心友、何よりも新崎さんへの感謝の思いが湧いてきて心が楽になりました。

このように不安・心配になっても自分で気づけるようになり、感情をコントロールできるようになりました！

心を整える方法を知ってからは身体もとても楽になりました!!

ちなみに、検査の結果は異常なしでした！

個別セッションで学び、私が実践していることは次のようなことです。

①言葉に気をつける

カフェでコーヒーを注文する時に無意識で「**コーヒーで**いいわ」と、本当は違うものを注文したいけど、仕方ないからコーヒーを注文しているような言い方をしていましたが、意識して「**コーヒーが**いい」と言葉を変えることで、自分の欲しい物を選択し注文できていると思えて、満足感が上がるようになりました。

時間に遅れそうになった時には、「あわてないように」という（否定語）から「落ち着いて」という（肯定語）に言葉をかえることで、落ち着いて行動ができ、心が楽になりました。

②自分の思い込み、口癖が何かを知る

「もう無理、絶対アカンわ」……自分の作った思い込みから出る言葉は、「大丈夫」「なんとかなる」と言いかえることで、心が楽になり実際にもなんとかなりました。

③自分の感情を受け入れ、その感情と自身は別物ということを知る

不安になった時には、（私、今不安だと思っているんだね）と自分の感情を受け入れて、

「よしよし」と、そう感じた自分を癒やしてあげると、(私は大丈夫)と思えるようになり心配していた事柄が起こらないようになりました。

④捉え方を当たり前から感謝へ

夜ぐっすり眠ることができ、朝スッキリ目覚めることができたなど、日常の何気ない当たり前の出来事について意識して捉え方を変え、感謝することで心が満たされていくのを感じることができました。自分の心に余裕ができると周りの人にも感謝が芽生え、人間関係も円滑になりました。

何事にも引っ込み思案で、文章で表現するのも苦手と思い込んでいた私でしたが、今ではこのように体験談を書くこともできる自分になれました。

これからも新しいことにチャレンジし、色々なことを経験していく自分を想像するとワクワクしています。

新崎さんとの出会いもキャンサーギフト(がんからの贈り物)の一つです。ありがとうございます!!

大村ひろこさんの体験談

ちょうど子供が一歳半になった時に復職しましたが、仕事、育児、家庭、自分の時間のバランスがうまく保てず、感情のコントロールが難しくなってきていました。

このままじゃダメだと思うけど、どうすれば楽になるかがわからない……そんな時に友人から「私が変わったら家族も変わった！」という脳育の話を聴き、すぐに講座に参加することにしました。

江里さんの体験に基づいた講座は説得力があり、脳科学や心理学的なアプローチは頭で理解したうえで納得したい私に合っていると感じ、個別セッションを受けることにしました。

個別セッションを受けていく中で、自分のネガティブな思考癖に気づかされました。同時にそれはすでに持っている能力で、ポジティブな方に変換できることも知り、褒め日記、セルフトークマネジメント、アファメーション、瞑想、呼吸法などを意識して続けていきました。繰り返すことにより自分との向き合い方が少しずつわかってきて、感情に飲み込まれそうになった時も自分を認め受け入れることにより、自らを俯瞰できるようになりました。

最初は全くわからなかった「自分を大切にすること」が「人を大切にすること」につながり、それがジャッジのない、多様性を認め合う世界なんだと理解していきました。そして自身のこだわりや執着を手放すことで楽になるという体験も積みました。

今でも気づけば感情的になりネガティブな思考癖が出ます。でも、それに気づけるようになったことが大きな一歩だと思っています。

今の自分を作っているのは、直感を信じて最善の選択をしてきた私自身。

（ほら、自分が選んできた未来が今だよ！　したいことができてるんだよ！　シアワセやん！）と思えるようになってからは、お昼が卵かけご飯だけでも、シアワセだなぁと思えるようになりました。

セッションを受けていなかった頃は、感情に支配され自分のことがよくわからない状態に苦しんでいました。

不器用な自分を受け入れられず、完璧を求めて、自分に優しくできていませんでした。

江里さんのセッションからたくさんの気づき、学びを得て、人生で一番の葛藤と、大きな決断、執着を手放すという体験ができ、今とても清々しい気分です。

これからも自分にベクトルを向けることを忘れず、今を大切に楽しんでいきます。

江里さん、新しい世界をみせてくれてありがとうございます。

もっともっとたくさん書き切れないくらいの気づきと学びがありました。

自分を変えたくても、どうしていいかわからずモヤモヤしているたくさんの人にレジリエンス脳育を知ってほしいです。


どんな未来を作るかも自分で決めて今を生きていく。

「思考は現実化する」をこれからも体感、体現していきたいです。

第9章　我慢しない生き方をしよう

身口意の一致とは

身口意という言葉をご存じですか？

「身口意」とは仏教用語です。

「身」は行動のこと、「口」は話す言葉のこと、そして「意」とは心のこと。

あなたは自分の言っていることと、やっていることが違っていたり、自分の本意でないことをやっていたりすることはありませんか？

その状態が身口意が一致していない状態、すなわち心がバラバラになっている状態なのです。

行動、言葉（言動）、心（気持ち）が一致していることが、心身ともに健康を保つことができると言われています。

逆に一致していない時は、ストレスや不満がたまりやすく、不健康な状態になりやすいのです。

例えば、子供の送迎を嫌々やっているお母さん。これは身口意が一致していない状態です。

では、その送迎をやめると身口意が一致するのか？　ということですが、答えは「やめてもいいし、やめなくてもいい」のです。

送迎をすることが嫌でストレスを感じているならば、子供と相談し、やめることも一つの方法です。

しかし、子育てや仕事においては、自分の思いだけでは通らないこともあります。**身口意の一致とは、決して自分の思い通りに物事を進めることではありません。**

では、やめない場合にどうやって身口意を一致させるか？

それには、お母さんの捉え方を変えるのです。お母さんが自分軸で納得することが大切です。私は子供の送迎をしたくてしている。私の今の時間の優先順位は子供の送迎なんだ、など、自分が望んでしていることという捉え方に切り替えをすることです。

そしてそのような言葉を使うことが大切です。子育てにおいて、母親は子供のためにと自分を犠牲にした言葉を口にすることが多いものです。もちろんそれが悪いわけではありませんが、その時に「子供のためにすることを【自分が選択している】」という意識をプラスしてほしいのです。

すると、視点が自己犠牲ではなくなります。お母さん自らが選択していることだと脳が認識すると、身口意が一致し精神的ストレスが軽減されるのです。

自分がどのように捉えるかによって、目の前の出来事を変えることなく、身口意を一致させることができるということをぜひ覚えておいてください。

心と身体はつながっているけれども別物

本書では「心と身体はつながっている」とお伝えしています。

もちろんつながっていることは事実ですが、それぞれは**別物であるということを知っていてほしいのです。**

例えば、病気や事故などによって身体機能が低下したり、損傷したり、障害を負ったりしている方もいらっしゃると思います。私自身もそうですが、身体機能は術前の状態に回復させることは困難です。ですが、心を回復させることはできていますし、今は、術前よりも心は健康です。

身体機能の回復力と心の回復力とは別物です。身体機能が回復できなくても、心の回復力が高まり心が健康になれば、時間はかかっても現状の身体の状態を受け入れ、上手に付き合っていける方法を見出すこともできるのではないでしょうか。

そのためにも、心の回復力を高めることが大切なのです。

共存して生きていく

レジリエンス力を高める方法の一つとして「共存して生きていく」ことが挙げられます。すなわち現状を認め受け入れるということです。

ただ、受け入れるといっても、時間のかかることもあります。

私は子宮全摘術の時に周囲の神経も切断しているので、今でも尿意や便意を全く感じない状態で生活しています。

尿意や便意を感じることが当たり前の方にとってはピンとこないかもしれませんよね。ただ、当たり前の感覚を失うということは、その現状を受け入れるまでにさまざまな葛藤があります。手術直前まで当たり前にあった感覚が、術後全くなくなりました。

術後の病室で排尿訓練が上手く進まず退院日も延期になり、先が見えず落ち込んでいた私に、病室で主治医のそばにいた父が言った言葉は、「江里はもう障害者なんやから、その障害を受け入れるしかないねん」でした。

私を励まそうと言った言葉だったのでしょう。しかし当時の私はなかなか受け入れることができず、「お父さんには私の気持ちなんてわかれへんわ、もう帰って」と号泣。翌朝の排尿訓練の時も上手くいかず、看護師さんが残尿を導尿してくれているベッドの上で、今まで術後の痛みに耐えながらも、痛いと弱音も吐けずに頑張ってきた私のピンと張りつめていた心の糸が切れてしまったのです。その時私の口から出た言葉は「私もう無理です。こんな体で生きていたくない。これからこんな日々が続くのなら死にたい」でした。「毎日痛くても痛くても頑張って耐えてきたのに、全然上手くできない」「なんで私だけ」と、まるで子供のように泣きじゃくりました。しばらく泣き続けた私を看護師さんは見守ってくれていました。そして「頑張らんでええんよ。痛い時は、先生に相談してお薬出してもらおう」「お薬を使いながら、少しでも楽に過ごそう」「痛い時は遠慮せずに看護師呼んでいいねんで」「時間がかかっていいから、自分の身体と付き合っていけるようにやっていこう」と、励ましてくれました。その看護師さんのおかげで、**自分の身体を受け入れ、付き合っていくことの大切さを**学びました。そして、お薬を処方してもらい、痛みが軽減したことで排尿訓練もスムーズにできるようになりました。やがて退院の目途がつき、私なりに生きる希望がもてるようになったのです。

苦しんでいた時の私が自分にかけていた言葉は「手術前の身体に戻りたい」「なんで感覚までなくなったんやろ」などなど。受け入れる言葉ではなく、後悔と、戻ることはないのに手術前の状態ばかりを求め、自分を責める言葉かけをしていたのです。

以前、私がお世話になっていた心療内科の先生がおっしゃっていたことを思い出しました。「完璧を求めず諦念で対応できる人ほど、ショックなことがあっても落ち着いて過ごせている」と。自分の身体と上手に付き合って生きていく。**共存して生きていくには、諦めることも大切**なのです。子宮を全摘した私がいくら神様にお願いしても強く望んでも元の身体には戻らないのです。

大切なのは、過去に意識を向け後悔したり責めたりするよりも、今の身体の状態を受け入れ、できること、あることに目を向け上手に付き合って生きていけるような方法を探すことです。そうすることで、その先の未来が変わります。すなわち共存して生きていくとは、どんな自分も自分であると自分が受け入れ、認め、その自分と上手に付き合えるように工夫し、生きていくということであると私は思います。

ひとりで悩まない

レジリエンス力を高めるために大切なのは「ひとりで悩まない」ということです。

過去の私は完璧主義で、人に相談したり助けてもらうことを負けのように感じていました。弱音を吐くことすらできず、キャパオーバーのことでも断ることができず、結果、自分を苦しめていたのです。

振り返ると、これまでの人生、人に相談することができず抱え込んでいたことが多々あったなと思いました。

以前勤めていた職場で、術後の後遺症に苦しんでいた時に、体調が悪く勤務することが難しい状況が多々ありました。診療内科を受診し、時短勤務を医師から提案されたのです。勤務先の上司も了承してくれたのですが、完璧主義で人に頼れない私は、自分で自分が許せず「それなら退職します」と言ったのです。上司からは「同じ職場の人がそんな状況になったとして、退職したらいいと思うの？」と聞かれ、初めて〝他人は許せても自分は許せないと思っている自分〟に気づいたのです。職場の皆さまのご協力のおかげで私は時短勤務をさせてもらい仕事を継続することができました。

逆境に柔軟に対応するには「ひとりで悩まない」「相談する」、そして時には、人の手を借りたり、助けてもらったり、甘えることも大切なのです。

ソーシャルワーカーをしていた時に、精神科医が講師の、引きこもり支援の講演会に参加しました。講演会には、20年間息子さんが引きこもりだというお母さんが、新聞告知を見たと参加していました。

講師から「何か質問はありますか」と言われた時に、そのお母さんは挙手し息子さんの相談をされました。これまでの苦悩をお話しされ、作業所に就労してほしいが精神科医の診断書がいる。どうしたら息子が受診するようになりますか？　と質問されていました。

医師からは「これまでに専門職に相談されましたか?」との問いがあり、そのお母さんは「20年間、家族以外の誰にも相談していないです」と答えられました。

医師は、会場に来ていた行政の専門職に介入するようにその場で指示され、「お母さんが受診を勧めるのではなく、専門職を交えて相談し、息子さんにアプローチしていきましょう。引きこもりは、家族が誰にも相談せずに抱え込んでいると20年、30年があっという間に過ぎてしまいます」とお話しされていました。その医師のお話を聞いて、お母さんはホッとした表情をしたように私には見えました。

この家族も、お母さんが新聞記事を見て、一歩踏み出し、会場で勇気をもって相談したことで家庭の中に新しい風が吹くことになりました。

前にも述べましたが、目の前に何か問題や課題がある時、解決することと解消することとは違います。

一人で悩まず、誰かに相談することで、新しい情報を得ることができたり、話を聞いてもらうことで気持ちが落ち着いたり、一歩進めることもあります。

現状は変わらない、つまりすぐには解決にならなくても解消することで心が楽になり一歩進むことができるのです。心の回復力を高めるためにも、ひとりで悩まず、抱え込まず、誰かに相談し、まずは解消することを心がけていきましょう。

人生を楽しむ

「あなたは人生を楽しんでいますか？」と尋ねられたら、「はい」「いいえ」どちらを答えますか？

40歳～69歳の日本人男女８万８１７５人を対象に、人生を楽しんでいるかどうかを尋ねたうえで追跡調査を行った結果、「楽しんでいない」と回答した人は「楽しんでいる」と回答した人に比べて、12年間に循環器疾患で亡くなるリスクが2倍近いことがわかったと書かれていました（大平哲也「『わがままな人ほど長生き』の真相　医学データが証明　我慢は禁物、早死にのもと」『President』２０２３年9月29日号）。

この章では、人生を楽しむための我慢しない生き方についてお話ししたいと思います。

最新の研究によれば、怒り、不安、ストレスといった心の状態が、身体の病気まで引き寄せてしまうそうです。怒りの出し方についても研究が進んでいて、怒りをため込む人の方が、血圧が上がりやすいことも科学的に証明されています。

「負の感情」をため込まないためにはどうすればいいのか？

ズバリ！「自分を〝ご機嫌さん〟にしてあげることを意識してする」ことです。その一つが環境です。「自分を〝ご機嫌さん〟にする環境を自分で工夫してつくる」ことが大切です。

自分が〝ご機嫌さん〟になれば、脳は幸せだなと認識し、ハッピーホルモンとも呼ばれている、セロトニンやオキシトシンが分泌しやすくなるのです。

例えば、あなたは友人とカフェに行った時、座る席をどのようにして決めますか？

セミナーなどの会場での席選びはいかがでしょうか？

どちらに座ったら心地よいかな？　と、光の差し具合、エアコンの風の当たり具合、お店の風景、そのようなことを考えながら席を選んだことはありますか？

私も最近、このようなエピソードがありました。

夫と旅行に行った先のお宿でのことです。秘境の小さなお宿でしたので、宿泊客も５組ほどでした。お食事も広間でいただくスタイル。私たち夫婦が広間に入ると、すでに４組の方は席についておられました。そして、私たちが席につくと、女将さんがいらっしゃり、「女性は下座のお席なので、下座側にご飯を置いてるのよ」とおっしゃいました。はじめは何を言われているのかがわからず困惑していたのですが、ご飯の入っているおひつを私の方に移動されようやく理解できたのです。女将さんの常識では、「男性が上座に座り、女性は下座。ご飯は女性がよそうので、下座側におひつを置いている」ということだったのでしょう。

しかし、私は冠婚葬祭や仕事でのシチュエーションは別として、それ以外は、まずは自分がどっちに座ったら心地よいか？　ご機嫌で過ごせるか？　ということを意識して座る席も選ぶようにしているのです。それゆえに、この時には上座、下座などを考えることもありませんでした。ましてや、女性がご飯をよそうというルールも私の頭の中にはなかったのです。過去の私ならば、女将さんがこう言うのなら席を替わらなくてはと他人の目を気にして夫と席を替わっていたことでしょう。しかし、私は席を替わることはなく、心地よく、ご機嫌にお食事をいただきました。もし席を替わっていたら、我慢しながらお食事をいただくことになったかもしれません。

小さな〝ご機嫌さん〟を積み重ねていくことで、大きなご機嫌になり、人生においてご機嫌に暮らせるようになる。

あなたも小さな〝ご機嫌さん〟貯金をためていきましょう。

自分でできるセルフケア（レジリエンス脳育）

脳（心）はトレーニングすると変わります。

脳は簡単に騙されます。しかし、心はそう簡単には変わりません。そこで、簡単に騙される脳を上手に使ってトレーニングをすることで心も変えていくことができます。

レジリエンス脳育は、すべて自分でできるセルフケアです、どのようなセラピーやヒーリング、セッションとも組み合わせていただいて大丈夫です。私もさまざまなセラピーやヒーリング、セッションを受けてきました。そんな私だからこそ「セルフケア」の大切さに気づいたのです。

自分のメンテナンスは大切だと思っています。毎日、人にケアしてもらえるのであれば良いのでしょうが、時間もお金もいります。そして、どのようなセラピーやヒーリング、セッションを受けたところで、その後の自分の意識次第、セルフケア次第なのです。更に効果を上げるのも効果を下げるのも自分次第ということです。つまり、自分でできるセルフケアを身に付け、そのような脳を育てることでセラピーやヒーリング、セッションの効果も更に上げることができるのです。

そうすることで**脳のスペック（性能）を上げる**ことができ、**人生のクオリティ（質）を上げる**ことができるのです。

脳を上手に活用したセルフケアはコストパフォーマンスに優れています。お金がかかりません。自分でできます。誰にでもできます。いつからでもできます。

トレーニングを実践され、脳のスペック（性能）を上げられたクライエントさんの体験をご紹介します。

彼女の悩みは、職場での人間関係でした。

自分に自信がなく、いつも人から何かを言われるんじゃないかと身構えて挙動不審。人からの注意も、えらそうに言われているように聞こえ、腹を立てるが我慢する。その我慢も怒りに変わり爆発し周囲と喧嘩。結果、無視されたり仲間外れにされ、いつしか、「どうせ私なんて」と自己否定しつつも「絶対に負けるか」と戦闘態勢に変わる。このような状況を繰り返し疲れ果てていました。

彼女は、バラバラになっている心の現在地に気づくことからスタートしました。

次に、自らが無意識に発しているネガティブな言葉に気づき、日常で意識し言葉を変えることを実践。否定語→肯定語に、自分の感情に寄り添う言葉かけなどのセルフトークマネジメントを実践。くじけそうになったらひとりで悩まず相談することを実践しました。

つまり、言葉を使って自己肯定し、感情をコントロール（心の回復力を高める）できる脳を育てるためのトレーニングを、自らが実践。心が楽になるための一工夫を日常で行ったのです。

何かトラブルが生じると心がバラバラになり、そのことばかり気になり自分を責めてしまい落ち込んでいた彼女でしたが、これらを実践していく中で、一週間以上から4日へ、4日が3日へ、3日から2日へと自分を責める日が短くなっていき、レジリエンス脳が育っていったのです。

その結果、困ったときに手を差し伸べてくれる人、笑顔で話しかけてくれる人、真剣に相談にのってくれる人が彼女の身近にでき、コミュニケーションも上手くとれるようになられました。人間関係を大切にしたいと彼女自身が思うようになったのです。今では、自分の感情とも上手に付き合えるようになり、楽に生きられるようになられたと言われています。

脳は急激な変化を好みません。筋トレと同様に気長にトレーニングすることで変わっていきます。

あなたがもし彼女のように人間関係で悩んでいるならば、自分の心と上手に付き合うため、他人とも上手に付き合うためのセルフケアを身に付け、トレーニングをしていきましょう。

きっと楽に生きられる日が来ます。

今日から始められるセルフケア

第2章で、「私たちの脳を何か身近な物に例えるとするならばパソコンです」とお伝えしました。入力されているデータこそが思い込みで、そしてその思い込みは、新たなデータを入力すると上書き保存も可能である、と。

不安になる要因になる思い込みのデータを、安心になるように入力しなおし、保存してあげればいいわけです。その**上書き作業のために効果的なのが言葉**です。

その言葉を使ったセルフケアで、あなたの脳に入っているパソコンデータの書き換えを行っていきましょう。

・ほめ脳（認める脳）を育てましょう

自己価値が低い人は、幼少期から褒められた経験が少なかったり、褒められていても受け取れていなかったりすることが多々あります。それがゆえに、自信が持てず新しいことへのチャレンジに臆病になったり、成功体験につながらなかったりと更に自己価値を下げてしまうループに陥りやすいのです。

そこで、今できていること、やれていることを、あなたご自身が認め褒めてあげる体験をトレーニングし、（できてるんや、やれてるんや）と思える自分自身を取り戻していくことが大切なのです。

そのトレーニングの一つが「ほめ日記」です。

ほめ日記は、寝る前にその日に体験した出来事を短く1文にして褒めるというワークです。

ポイントは寝る前に行うことです。寝る前は脳が上書きされやすい状態になっているので効果的なのです。

・ステップ1　とりあえず行為をした自分を褒める

日記の書き方は、**「出来事＋私（主語）＋えらいよね、すごい（褒める形容詞）」**です。

食器を洗った私えらいよね

朝ごはんつくった私すごい！

子供のお弁当作った私えらいよね

など、短く1文にして褒めることがポイントです。

どんな些細なことでも良いので、必ず3個以上は書き出す習慣をつけていきましょう。

・ステップ2　人に対して自分がしたことを褒める

会社の人におはようを言えた私すごい

電車でお年寄りに席を譲った私えらい

上司に腹が立ったけど、冷静で最後まで話し聞けた私すごい、など。

このほめ日記を続けることで、「**自分のできているところに目を向けることができる脳**」が育ってきます。そうすると、人に対しても、できていないところではなく、できているところに目が向くようになるのです。RASが働くのです。ゆえに、良好な人間関係が築けるような脳が育っていきます。脳は褒めることによってセロトニンやドーパミンなどの分泌量が増えるということは科学的にも証明されています。

・感謝脳は最高の脳育

私たちは日々生きていると、普通にできていることや、常にあるものは当たり前になりがちです。

今できていること、常にあるものが当たり前になってしまうと、人は更に更にと求めてしまいます。そして、この当たり前の箱と感謝の箱が頭の中に入っているとしたら、どちらの箱に今できていること、あるものが入っている方が幸せを感じるでしょうか？

そうです、感謝の箱なのです。「ありがとう」の言葉はお花や食べ物まで長持ちするくらいパワーがあります。このパワーを意識してあなたの身体にもためていきましょう。

そのためのトレーニングが「感謝日記」です。

やり方は、ほめ日記と同じ、寝る前にその日に体験した出来事に「ありがとう」「感謝」をつけて短く1文にするというワークです。

感謝日記も、寝る前に行うのがポイントです。

・ステップ1

書き方は、「出来事＋ありがとう」

仕事ができたことに感謝
ご飯が食べられたことに感謝
健康で1日過ごせたことに感謝
迎えにきてくれてありがとう
仕事でアドバイスくれてありがとう
道に迷ってるところを助けてくれてありがとう

など、**どんな些細なことでもいいので、必ず3個以上は書き出す習慣をつけていきましょう。**

・ステップ2

感謝日記にプラスα……**朝起きて、「ありがとう」と100回を唱えてみましょう。**

脳はありがとうと言いたくなる現象を探し出そうとするようです。RASが働くのです。

脳って面白いですよね。感謝日記も続けると、さまざまな効果があることが証明されています。

兵庫県には「一日ひと褒め条例」という条例を制定し、町全体で取り組んでいるところもあります。

条文には

●一日に一度は人を褒める、または感謝の気持ちを伝える

●人の良い行動や成果を見つけ出し、積極的に称賛する

とあり、町民らが家族や友人、職場の同僚らの良い点を見つけ、言葉で伝え合うことで地域活性化を目指されているようです。

あなたも、ほめ日記、感謝日記でほめ脳、感謝脳を育てていきましょう。

おわりに

この本を最後までお読みいただきありがとうございます。

バラバラだった心が、あなたのもとに戻っていき、心が少し軽くなっていることと思います。

世の中にはたくさんの専門書がありますが、この本では、まずは心がバラバラになった状態を知ってもらう、気づいてもらうこと。心の回復力を高めることの大切さに気づいてもらうことを目的として、さまざまな体験談と共にお伝えしました。

来たみち　生くみち

生きてゆく
時として軽やかに

時としてつまずき
時としてうつむき
また、顔を上げて
人生という道を歩む
貴方が来た道、貴方が生く道

どなたにも「来たみち　生くみち」があります。

「生くみち」の「生」は、**自分らしく生きる**ことを強く願うという意味を込めています。

どなたにも「生くみち」を選ぶ権利があるということを知ってもらいたい、心の回復力を高めてあなたが望む「生くみち」を歩んでもらいたい、そんな想いでレジリエンス脳育を構築し、この本を書きました。


今は講演家として活動していますが、決して話すことが得意だったわけではありません。

昨年、講演をさせてもらったホールは、私にとってはとても思い出深いホールでした。

なぜならば、がんになって1年後に県立がんセンターのがんフォーラムで体験発表をさせてもらった舞台だったからです。まさか、11年後に講演家として同じ舞台に立つ日が来るとは、当時の私は夢にも思いませんでした。当時、後遺症に苦しんでいる真っ只中、そんな私から出てくる言葉は「痛かった。苦しかった。辛かった。先が見えず不安」でした。当時は自分のしんどさを理解してもらいたい、わかってほしいと思う気持ちが強かったのです。

そのしんどさから抜けたい一心で心と身体、脳の仕組みなどさまざまなことを学び実践してきました。そうする中で、心の回復力が高まり、体験発表の内容も徐々に変わってきたのです。「しんどいことがあったけれど今生きてます」「苦しかったけど、今は自分の身体と上手につき合えるようになりました」「『なんでがんになったんやろ』から、『がんになったおかげで』」など、体験発表でも使う言葉が変わっていきました。といっても、今も後遺症が治ったわけではありません。しかし、捉え方が変わると言葉が変わります。言葉が変わると捉え方が変わります。脳が変わるのです。そして人生の今より先が変わります。**あなたの「生くみち」はあなたがいかようにも変えられるのです。**

私は今でも、子宮がんで全摘した私の子宮の写真をスマホに入れてお守りとしていつも持っています。
「命を助けてくれてありがとう」
「生かしてもらった命を大切に生きます」
この子宮が自分らしく生きていいのだということを教えてくれ、いつ何があっても悔いのない生き方をしようと自分に誓いました。

この本は人生初の執筆であり、出版は私の夢でもありました。「文章を書くのが苦手」という思い込みとの葛藤から始まり、思うように書けない日々が続き、焦り、右往左往していたことも多々ありました。

自転車乗りの練習で例えると、いきなり乗れなくても、補助輪をつけて練習、慣れてきたら補助輪を外し、誰かにサポートしてもらいながら徐々にこつを覚えていく。タイミングを見計らって手を放してもらったら、一人で乗れるようになっていた……。

まさに、今回の執筆ではこのような体験をし、たくさんの方々にサポートいただきました。その中でも、担当いただいた文芸社の川邊朋代さんの熱心なサポートのおかげで、無事原稿を書き上げることができました。本当に感謝しています。

人とのつながりの大切さ、心の回復力を高めることの大切さを私自身が改めて痛感しました。

このように、人生は、新たなことへチャレンジし、気づき、学び、またチャレンジする、この繰り返しではないでしょうか。すべての出来事は人生のクオリティ（質）を高めるために起こっている。何一つ無駄なものはないのです。生きているだけでチャレンジしているわけです。

世の中には数多くの心と身体を整えるセラピーやセッションがあります。私もこれまでにさまざまなものを受けてきました。他力を借りることは時として必要だと思っています。しかし、他力だけに頼ると依存につながります。レジリエンス脳育は、すべての人が活用できる、自分でできる一生使えるセルフケアです。他のセラピーやセッションと合わせていただいても大丈夫です。

逆境を力に変えるレジリエンス脳育、あなたが自分らしい人生を歩む一助になれば幸いです。

最後に、ここにたどり着くまでの人生の道のりで、今までに出会ってきた方々を改めて思い浮かべました。お一人おひとりとの出会いがなければ、レジリエンス脳育は生まれていません。そして本書は生まれていません。私の人生に関わってくださったすべての方々に心より感謝申し上げます。ありがとうございます。

著者プロフィール

新崎 江里（しんざき えり）

社会福祉士の資格を取得後、病院や小・中学校での相談業務に約10年間従事。
2011年に子宮がんを発症し、術後の後遺症に苦しんでいた時にイメージトレーニングに出会う。自身の言葉や思考、感情が身体や心に大きく影響していることを知り、身体と心のつながりや、脳の仕組みについて学ぶ。2017年にイメージトレーナー資格を取得し、自身の体験を活かした講演活動を開始。大病の経験からも「心の回復力（レジリエンス）」を築くことの大切さを痛感。2020年に、これまでの経験で得た自身の理論、脳科学、心理学、量子力学、呼吸法などを組み合わせた独自のメソッド「レジリエンス脳育」を構築し、翌年商標を登録。現在は「心の回復力を高める」をテーマに講演、講座を展開。個別脳育セッションも実施し、個々に合った「脳を育てる」方法を提供している。しなやかで自分らしく楽に生きるための方法を多くの方に伝えたいとの想いで活動中。

レジリエンス脳育オフィス江里 公式サイト
https://office-eri.net/

バラバラになった心をつなげる方法 レジリエンス脳育

2024年９月15日　初版第１刷発行

著　者　新崎 江里
発行者　瓜谷 綱延
発行所　株式会社文芸社
〒160-0022　東京都新宿区新宿１－10－１
電話　03-5369-3060（代表）
03-5369-2299（販売）

印刷所　TOPPANクロレ株式会社

ISBN978-4-286-25111-0